華德福教育創始人

魯道夫・史坦納論教育

仿與遺傳、情感與意志、性格與藝術，以精神科學研究教育的基礎

魯道夫・史坦納——著

王少凱——譯

魯道夫・史坦納的教育理念及華德福學校已經風靡全世界，
全球共有 1000 多所華德福學校和 2000 所華德福幼兒園。
他一生共發表了 30 多部著作，演講超過 6000 場……

本書精選其代表性哲學思想與教育相關的演講稿和文章！

目錄

CONTENTS

導言

導言

魯道夫・史坦納（Rudolf Steiner，西元 1861 ～ 1925 年），奧地利教育家、哲學家、科學家和藝術家，20 世紀初歐洲新教育運動的代表人物，華德福教育創始人。從上小學起，他就開始堅持自學，中學畢業後進入維也納科技大學學習中學數學與自然科學教育，同時還旁聽了哲學、文學和歷史等相關課程，後在德國的羅斯托克大學獲得博士學位。

魯道夫・史坦納在哲學、教育、藝術、醫學、農業等方面均有很高的成就。在哲學方面，魯道夫・史坦納深受歌德影響，並於 1913 年在瑞士多爾納赫創建了世界上第一所歌德學院。1919 春，魯道夫・史坦納受德國斯圖加特華德福捲菸廠老闆默特（Emil Molt）的邀請，前往該捲菸廠參觀，並對工人發表了一場演說。演說結束後，默特請他幫助捲菸廠創辦一所學校，為工人的孩子提供教育，魯道夫・史坦納答應了默特的請求，並創立了世界上第一所華德福學校，他也由此成為華德福教育的創始人。

魯道夫・史坦納認為：人類具有身體、心理、精神三種狀態，而心理包括思考、感覺（情感）、意志三種能力，人類所處的世界，不僅包括自然世界，還有精神世界。人類具有進入精神世界的能力，並且可以從精神世界獲得力量。這種精神力量可以在人類認識世界的過程中發揮重要作用。比如遠古時代流傳下來的童話、傳說、神話故事，實際上就是精神力量被認識、發現和培養的一種表現形式。

魯道夫・史坦納將孩子的成長劃分為三個階段：0 歲到 7 歲、7 歲到 14 歲、14 歲到 21 歲。在教育和培養孩子時，老師

應當根據三個階段的不同特點，設置不同的教學目標、課程內容和教學方法，將學生的整體發展，也就是身體、心理、精神的協調發展當作教育的目標。其中，身體是自然的遺傳，是固定不變的物質，而精神則是自由的，心理是連通身體與精神的橋梁和紐帶。老師要對孩子的思考、感覺（情感）和意志進行培養，使他們的精神及其他各方面的能力獲得充分的發展。

在教育方法上，魯道夫·史坦納認為，老師不應該簡單機械的向孩子灌輸藝術理論和方法，而應當採取藝術化的教學方法，要重視音樂、繪畫、雕塑等藝術課程對孩子成長的促進作用，他主張透過藝術教育，讓孩子實現身體、心理和精神的整體發展。

100 年過去了，魯道夫·史坦納的教育理念及華德福學校已經風靡全球，據統計，目前全世界 70 多個國家共有 1,000 多所華德福學校和約 2,000 所華德福幼兒園。他一生共發表了 30 多部著作。1900 年，他正式成為一位演說家，到 1925 年去世時，他的演講超過了 6,000 次。最初，他的演講稿都是由他與他的學生一起整理的，到了後來，就交給專業的速記員來記錄，並編輯成書。比如目前流行的魯道夫·史坦納著作《童年的王國》，就是 1924 年 8 月間他在英國對一家即將開業的華德福學校的老師所做演講的彙編。

鑒於讀者大多已經對《童年的王國》比較熟悉，因此本書在編譯過程中選擇了一些魯道夫·史坦納尚未被翻譯的演講稿和著作。因為魯道夫·史坦納的教育觀點都是建立在其哲學思想基礎之上的，所以本書在選材時，除了魯道夫·史坦納在教

育方面的演講稿及著作之外，還另外篩選了一些有代表性的、闡述其哲學思想且與教育相關的演講稿和文章，希望能夠對讀者有所啟發。

　　由於譯者水準有限，譯文中或有不當之處，敬請讀者指正。

第一部分：教育演講集

對華德福學校家長的演講

1919 年 8 月 31 日，斯圖加特

親愛的家長們：

一種新的社會秩序的建立，通常需要一種新的教育藝術來推動。

當默特先生想要為捲菸廠員工的孩子建立一座學校的時候，他很明白，他是要為生活在這個艱難時代的人們做一些事情。而他所選擇的方法就是要治癒我們這個社會，這也是最主要的目標。我相信，你們的內心都曾產生過這樣的想法──我們一定要從自己所經歷的事情中創造出一些更新的事情，我們所經歷的是過去三、四百年間在所謂的文明世界中誕生的各種事情。而如果想要開創另一番事業，我們需要具備的一種最重要的能力，就是透過不同的方式──教育、培養──來讓一個人準備好去面對這個世界，這種意念也深深的烙印在各位的心頭。我們需要的新方法，不能受到過去三、四百年流俗的汙染，因為原有的方式已經發展到了頂點，開始由盛轉衰了。

對於未來，我們盼望著那時的社會結構能夠比目前發生更大的變化。我們是有權期待那樣的結果的。當我們用充滿慈愛的目光看著孩子、看著我們的下一代時，我們這些身為父母的人，心裡總是經常懷著疑慮和不安。這些被我們所深愛的孩子，究竟要怎樣才能適應那個與目前有著很大區別的社會？他們能夠應付那時人類將要面對的全新的社會挑戰嗎？他們有能

力為新社會做出貢獻，讓未來的人可以更加富有光輝的人性、生活在一個不同於現在的環境中嗎？

每個人都認為教養和教育問題有著更為深刻的內涵，這個問題關乎一種更高層次的秩序。在我們所處的這個時代──社會正在飛速的發生著變化，這個問題就更有意義了。回首過去，歐洲經歷了一個可怕的時代[1]，我們滿眼所見都是鮮血，在兩大敵對陣營中，充滿了對現狀不滿的人，戰爭令骨肉分離，人心因此破碎，這些都是因為近代以來沒有按照自然規律發展的社會所導致的。當我們回首這些往事的時候，總是忍不住會從內心發出疑問：「從最廣、最大的範圍來看，我們要怎樣養育自己後代來讓人類在未來不至於重蹈覆轍呢？」從這些悲慘與艱辛之中，我們必須要認識到教育在重建人類社會關係方面所扮演的重要角色。

我們聽到很多人從原則上來對這些事情進行討論。但是，我們必須要捫心自問，大家是否採取了正確的方式來談論這些話題。今天，人們總是會用一些動聽的詞句來談論那些事情。就算這些美麗的話語能夠付諸實踐，也不總是源自內心所具有的堅定力量，也不總是由於客觀存在的真理。今天，那些進入學校並對我們的孩子進行教育的人，提出了各式各樣的意見和建議，他們這樣說：「我們明白應當怎樣教導和培養孩子。我們應當用我們一直以來想要使用的，卻一直沒有被許可的方法來教育孩子；這樣就能夠發生讓所有事情向著更好的方向發展。」在說這番話的人背後，是那些負責培養老師的人，也就

---

1 可怕的時代，指第一次世界大戰

是老師的老師。他們對我們做出了保證：「我們具備關於培養老師的正確觀念。相信我們吧。我們會將優秀的老師送入這個社會，然後教育行業就都不會出現問題。」但是，環顧如今的社會狀況，我們想對這些老師以及老師的老師們大聲呼籲：「也許你們的本意是善良的，但是你們並不明白自己說的是什麼！」因為，如果不是老師們親口承認：「我們受到了過去三、四百年的傳統的影響。正是我們所受到的傳統訓練帶領我們走入了如今這個悲慘的世界。」不然的話，就沒有什麼東西能夠真正幫助現代教育，沒有什麼可以讓現代教育真正提升到一個更好、更高的境界。我們能夠提供給老師們的東西，除了資本主義、工業主義和國家主義之外，其他什麼都沒有。不過，我們可以培養出一批又一批可以改變社會現狀的老師，由他們去改變現在的社會，創建我們想要的社會。

這也說明，如果我們想要做出一些改變，想要讓現在的社會結構以及整體面貌發生極大變化，那麼我們就必須要使用一種全新的教學藝術，並且為這種藝術打下一種與現在完全不一樣的根基！

從多個方面來看，今天的教育問題也正是老師們需要面對的問題。現在，當我們與那些想要成為老師或想要教育別人的人講話時，總是能夠感到有一股很奇怪的東西潛藏在他們的心裡。比如在我們討論未來的教育應當是什麼樣子時，這些將來要成為老師的人就會說：「是啊，我早就提出那樣的觀點了。我們應當把每一個孩子都培養成能力出眾的現代人。我們應當讓他們變成一個對社會有用的人。我們不應該將那麼多心思都

花在職業訓練上，而應該把更多的時間用來培養每一個人獲得全面發展。」直到他們說完這些話，轉身想要離開的時候，他們都覺得自己所想的與我們所需要的是同一種東西。可是他們想的恰恰相反！

今天，這種相反的想法已經在社會生活中變得相當嚴重，以至於人們都開始用同樣的詞語來表達與之相反的意思。這就導致人們在互動的時候，很難理解對方的真正意思。對於那些真正思考社會性的人來說，他們與對那些老傳統感到滿足的現代人的想法是有著很大的不同的。同樣，當我們試圖從實踐方面去解決教育以及社會上的重大問題時，我們一定要從根本上著手，並學著用不一樣的方式去思考教學和教育的問題。有的人認為我們可以把傳統的教育方法當作基礎，慢慢去改變，但我們的想法與這些人不一樣。真的，我們必須更加深入的思考、研究，而不是輕易的去接受很多人所認同的觀點。除此之外，我們必須還要明白一件事：在傳統的、陳舊的教育和科學方法中是不可能誕生出新方法的；教育和科學必須從它們自身發生改變。

由於這個原因，在華德福學校開學前，我們都會為教職員提供一系列的培訓課程。我們挑選出來的教職員工都是與傳統教育關聯最少的人 —— 有的人原來與教育事務的關係很密切，有的人則不那麼緊密。不過，我們想盡量找那些從內心深處想要重建社會文化的人。我們需要的是有志於將自己的身心獻給教育的人，只有他們才有希望將今天的兒童養育成未來我們希望的那樣。

第一部分：教育演講集

在這所新學校任職的老師必須要在心裡抱著這樣一種信念，那就是我們只把符合人性本質的知識教給兒童。從這一層意義上來說，我們所希望建立的學校就應當非常真切的符合人性的本質。我們所希望的是在每個正在成長的孩子的身體裡面，都能夠居住著一個不斷成長和發展著的靈魂。我們希望從正在成長中的孩子的天性中去了解 —— 作為一個人，孩子關於如何發展自己這個問題是怎樣想的，即他們的天性和他們的本質怎樣讓他們逐漸長成一個真正的人。

「這也是我們所希望的，」以前的老師和師培講師對我們說。「我們一直都在想應該如何教育人，比如，去考察到兒童身上個別的特質。」

對啊！我們必須要做出回答，各位已經非常努力，想要把孩子訓練成心目中所希望的人類的樣子，想要讓他們成為過去那種政治生活和經濟生活所需要的人。對於「人類」這個概念，我們沒有辦法去做任何事；而將來的人們不會明白或者也不想明白要如何面對人類或是如何與人類相處。我們需要做的，就是從最根本去改變。

不知道生命帶給自己的禮物、只是沉迷於自己被灌輸的那些「文法應該怎樣教、自然歷史應該怎樣教、其他科目又應該怎樣教」這些問題，並因此變成了一個迂腐的愁苦人，這種人是不會關心現在這些困擾人心的問題的，這樣的老師真的可以在長達七、八年的中小學階段，能夠正確的描摹出這個世界的面貌並將其傳達給學生嗎？我們要做的是對人性重新進行認識，對人類的本質重新進行探究。所有的學校一定要樹立起這

樣的新認知，並在此基礎上建立一種新的熱情與渴望。

重新理解人類的本質：思考、感覺（情感）和意志

在將來，教育系統首先要做的事情就是對人類重新進行認識。過去幾百年裡，所有對於人性的認識都是從物質主義這片泥淖中誕生的，這也已經成為高等院校向人們宣傳的人類的本質，但這並不能變成將來社會對人們進行教育的基礎。要想對人類的天性有一個全新的認知，就只能從最新的科學裡面獲得。現在所教的科學 —— 也就是老師們所講授的內容 —— 只是對過去的那些時代的反映。這就如同有一個新時代即將到來，同時出現的還會有新的科學、新的教育學、新的老師，這些都是基於對人類的全新認識所建立的。正是由於這個原因，我們在華德福學校設置的課程裡面，尤其注重研究如何才能認識真正的人類這個話題。我們的理想是，在將來，每一個華德福的老師都能夠正確認識正在成長的人。我們盼望著老師們能夠賦予這些還不成熟的人將來需要掌握的能力，讓他們可以在這個按照社會性方式所塑造的人類社會工作。讓我們感受最深的是，在傳統的教學方式中，一談到人性問題的時候，都只是些空話、假話。現在，我們開始研究人類思維的本質到底是什麼，以便幫助我們去教導孩子怎樣進行正確的思考。我們研究人類真正的情感基礎是什麼，以便讓人們在真正的社會集體中以最真實的人類情感來表達到正確的思想。我們對於人類意志的要素進行全面分析，以便讓人類的意志可以擁抱並填充在一種新塑造的、面向未來的經濟生活中。我們不會堅持用物質主義的、片面的、狹隘的方式去看待別人；我們對人類的身體、

心理、精神進行研究，以便我們的教師也能夠幫助一部分人改善身體、心理、精神。在這裡，我們不只是在字面上對身體、心理、精神這三者進行探討。我們還試著去研究，當處於不同的發展階段時，人類是如何進行建立相互之間的關聯的。特別是在孩子入學 —— 當老師從父母的手中牽過孩子們的手時，我們都會仔細、認真的觀察他們。

人們所說的教育科學表現得多麼膚淺啊！在孩子的生命中，有一個非常重要的轉折節點 —— 大約在七歲，也就是剛剛進入小學那一年。就是在這一年，為了繼續對孩子進行教育，老師們從父母手裡接過了孩子。人的生命在這樣的重要時刻，有一個非常明顯的外在表現，那就是換牙，但是，新牙只能被當成一個外部表現的印跡，真正的重大變化其實發生在內部。

很顯然，各位都已經聽說過很多正確理解社會改革相關且必須的知識。但是，你們之中有很多人或許依然有這種感覺 —— 從專家、學者那裡聽完之後，往往產生這樣的印象 —— 似乎每件事情都已經被別人做了。可是，我們自己卻根本還沒有去做任何一件重要的事情！當我們說孩子正處於入學的年齡，他們的心理、精神 —— 整個人的內在都發生了變化，而換牙只不過是最基本的外在表現，現代人對這種說法仍然會產生疑慮。在這個年紀之前，孩子仍然只是為了模仿而存在的，他們從出生的時候，就天然的帶著這樣一種力量 —— 要去模仿在自己身邊看到、聽到的每一件事。在生命的最初幾年，讓自己從周圍的環境中受到影響和教育就是人類天性的一部分。

而到了換牙的時候，就會有某種非同尋常的事情開始在人類的天性之中出現。例如會有一種驅動力出現在自己身上，即遵從權威、跟隨那些已經可以出色完成某些事情的人去學習。這種驅動力能夠一直維持到性成熟階段 —— 大約十四、五歲的時候。因此，當孩子還處在上小學的年紀時，這股天生的驅動力就已經注入他的體內了。而我們只有在對七歲的孩子所發生的內在變化獲得透澈的、教育學方面的認知，才有可能在小學階段展開合適的教學活動。在這裡，我用這個例子來與過去的做法對比，主要是為了展示新式教育必須要認真觀察和理解的對象究竟是什麼。

另外，我們還需要明白一點，孩子到了九歲左右，就會出現一種新的精神力量和物質力量。如果我們過早的將九歲以後才需要學的課程教給孩子，那麼這樣做的結果就是不但不能幫助孩子，反而會對他們帶來傷害。

如果我們想要展開一種真實的、全面的、為人性服務的教學活動，就一定要對人類的生命有一個完整的認識。我們一定要明白，在孩子九歲之前和之後應該怎樣展開教學活動。我們不能再像過去一樣，讓學校董事會委任的校長只是單純的考慮外在要求，然後便制定出課程規範：一年級教授這些課程、二年級教授那些課程、三年級教授那些課程等等。這樣做對孩子的生命一點幫助都沒有。必須要從人類的本質出發，去考慮我們每一年要透過教育帶給孩子哪些東西。

請大家想一想，我們都是成年人，但我們仍然在從生命中不斷的學習。生命本身便是一個最偉大的老師。但是，從生命

中學習的能力要一直等到十五、十六、十七歲的時候才能夠具備。到了這個年齡階段，人才能夠直接面對這個世界，能夠直接從這個世界獲取知識。在那以前，我們所面對的世界就是教室，就是天天面對的老師們。孩子們想要去了解自己的老師，孩子想要去愛自己的老師；正是由於有了老師，孩子才變成了熱愛學習的人。老師要將世界上所有的事物都帶到學生的面前。從七歲，一直到十五歲，人和世界之間橫亙著一道鴻溝，而老師們則為我們架起了一座跨越深淵與鴻溝的橋梁。

無法了解生命所帶來的禮物，反倒由於自己被灌輸的「文法應該怎麼教、自然歷史應該怎麼教、其他的科目又該怎麼教」而變得迂腐和愁悶 —— 這種人不會關心當代那些困擾、迷惑人心的話題，如果這種人是老師，他真的可以在長達七、八年時間的中小學階段正確的描繪出這個世界的形貌並將其傳達給孩子嗎？我們需要對人性進行重新認識，需要對人類的本質進行重新探究。整座學校必須在這種新認知的基礎上發展出新的熱情與希望。

在我們為老師設計的預備課程裡面，我一直關注的是：如何深刻的認識人性，以便讓我們可以順著人性的本質去教導孩子，將他們送入對生命本質進行認知的領域。

我們為了讓社會變得更加人性化而努力，而我們所需要具備的第二種東西就是教師對學生的社會性態度。這是我們對人類的一種全新的愛 —— 它能夠讓我們明確意識到，在老師和學生之間有一種力量在流動。如果老師沒有透過一種洋溢著生命活力的方式進入教學藝術領域，那麼這種力量就是不可能存

在的。

　　每個人都同意這樣一個觀點：畫家必須要學畫，音樂家必須要學會操作一種或是更多種樂器，建築師則要學會建築。對於這些藝術家，我們為他們設定了一些規範和要求。同樣，對於老師，我們也要設置這樣的要求，他們必須成為真正的人類藝術家。對於老師這份工作，我們也必須認真嚴肅的看待。正是由於這個原因，我們一定要明白，現在的任何教育學或教育方法都沒有辦法對老師進行啟發，除非我們能夠徹底的去研究、認識人類。我們必須明確自身對於人類的認識，只有這樣，師生之間才有可能產生一種全新的愛。我們的目標是，老師一定要在自己的領域內變成真正的藝術家。

　　很多事情都能夠產生幫助的作用。如果一位老師進入了教室，學生們對他持有反感態度或帶著敵意，並且持續了整整一年的時間，那麼學生肯定沒有辦法好好的進入學習狀態，因為老師的一言一行都讓他們感到不快樂；而另外一位老師，他只是進入了教室，站在那裡，便能與學生建立緊密的連結。到底是什麼樣的原因造成了這種差異呢？我們不妨直說吧，讓學生留下不好的印象的那位老師之所以到這所學校來工作，只不過是為了謀一條生路，找一碗飯吃。這樣的老師只能在表面上進行滲透，只能讓學生勉為其難的學習，他們和學生一樣，也是心不甘、情不願的來到學校，等到放學時又和學生們一樣高高興興的離開。

　　這種老師只能機械性的重複一份在他看來毫無趣味的工作。對於這一點，我並不感到意外，即使是今天，大多數老師

也仍然用這種機械化的方式來對待自己的工作。他們對於人類的理解來自毫無生命力的科學，那是從過去三、四百年的工業化進程、國家主義、資本主義的生活中誕生的。這種科學帶來的是一種沒有生命力的教育，一種苦澀的、愁悶的、憂鬱的教育。為了在華德福學校中創造出一種全新的教學藝術，我們正在努力的去認清人類的本質。這種看待人類的視角、這種對於人性的理解，能夠深深的穿透一個人的靈魂，這種認識本身就足以激發出人們的熱情、靈感和愛。我們的目標是，不僅要在頭腦中明確自己對於人類的認識，而且要讓這種認識表現在我們的行動和感受上。真正的科學，絕不像今天我們所學習的那些死的知識一樣，真正的科學會在人類的身上注入一股愛，讓人真正愛上這些知識。

在開學之前，我們為教師們提供預備課程，就是要將我們對於人類和人性的認識都傳授給老師們，而他們則會將所學到的東西教給他們即將要照顧的你們的孩子。這種對於人類的了解、對於正在成長的孩子的認識，應該被每一個老師所掌握，並在他們的教學活動中洋溢出一種真摯的愛。為了回報這種愛，孩子們也會從內心生出一種力量、湧出一股意志，讓自己可以更加容易的吸收老師讓他們學習和了解的內容。真正的愛 —— 不應該是過度的保護，而應該是一種正確的愛 —— 貫穿於老師在教室或是其他場所展開教學活動的始終，它決定了孩子是否可以順利的學習或是適應不良情況，決定了孩子能否得到優質的教育。

我們希望帶給孩子的第三種東西，是要培養教師自身的意

志力，並且讓他們知道怎樣在孩子面前展現並傳播這種意志力。我們想要培養這種意志力，所以就要讓孩子在非常小的年齡就開始接觸藝術工作。很多人都非常不理解意志和藝術之間有什麼祕密的關聯，其實，在童年時代的繪畫、塗鴉、音樂以及其他形式的藝術活動中能夠建立兩者之間的適當關聯。如果孩子可以獲得這種接觸藝術的機會，那對他們而言是很有好處的。

讓孩子在生活的同時能夠學會讀和寫，是我們特別樂意看到的事情。我們不會拘泥於形式，比如要求每個孩子寫的字看上去都一樣。他們必須把寫字當成一種抽象的創作去對待，就如同歐洲人剛剛到達美洲大陸時看到原住民寫的字一樣。不也是一樣的嗎？歐洲人將原來居住在北美的印第安人屠殺殆盡、幾乎不復存在。一個倖存的印第安人酋長曾經說過，白種人到了北美大陸之後將有色人種以及他們所代表的一切都踩到了腳下。「有色人種也具有白種人所不具備的優勢，」這位酋長認為，「我們不像白種人那樣把歪理邪說寫在紙上。」我想說的是，由於老師的頑固不化、思想狹隘而寫在黑板上讓孩子死記硬背的東西，對現在的兒童來說，那就如同歪理邪說。我們可以從生命中獲得所有的教材。如果我們能夠成功做到這一點，孩子們就能夠更快的學會讀和寫。當我們透過生活進行學習，當書寫從繪畫中演變出來，而不是隨意的憑空開始，孩子就能夠學得更快。與此同時，我們也培養出了意志堅定的人，等到他們長大成人之後，便能夠對命運安排給自己的任務做出回應。

正如我們應當讓自己熟悉並了解人類的天性一樣，還有一件事是我們應該做的，那就是逐步將這所學校提升到一個新的層次——讓孩子們都喜歡來上學，讓他們每天都高高興興的來學校。我們不願意追求任何一種讓人覺得不自然的事物。

真正的教育是讓身體、心理、精神從根本上獲得自由和獨立

在談到教育問題的時候，我們絕對不能總是簡單、膚淺的說：「我們要為全人類提供教育。」我們需要一種更加健全的方法——首先要謙恭而真誠的捫心自問：「人類究竟是一種怎樣的存在？這種存在是怎樣逐漸呈現在一個正在成長的人身上的？」我們不會向一個政治家或一個產業領導者發問：「我們應該怎樣教育別人，進而讓他們獲得相應的社會地位？」我們也不會這樣問：「政府需要我們去教什麼，進而可以讓人的每個方面都能夠符合國家對於公民的各種要求？」但事實卻不是這樣的，因為我們所面對的都是關乎人性的普遍性、一致性及其本質的問題。是啊，各位也許都看到了，在這一方面，傳統社會的狀況與面向未來、更加富有人性、更加符合社會性這些現代甚至是未來社會的要求是相牴觸的。

國家會在人處於某個特定年齡階段的時候對他們的成長負責，這個階段只能是兒童階段。國家雖然也想要在人處於更小的年齡時就對其進行管教，可是年齡再小的孩子還需要照顧他們的吃喝拉撒等問題，特別是屎尿等髒汙的事情以及身體上的照顧都是國家所無法滿足的。國家將孩子在這段時間內的撫養和照料工作交給父母來做，等到他們長到足夠大、無須擔

心孩子的生活自理問題時，國家便會接手並且制定出要向孩子們灌輸的計畫和內容。當然，在更多的時候，國家向孩子灌輸的，都是那些需要培養的在勞動和工作過程中所需的知識和技能，這從某種程度來說這也是國家在將自己的意志施加於人民身上。很多人甚至到了成年以後還會對自己一路走來所接受的培養和教育感到非常滿意。國家對自己的人民說：「你們會擁有終生可以從事的工作，等到你們無法繼續工作的時候，還能得到退休金用來養老。」退休在某些處於領導地位的人看來是理所當然的事情。從國家接管教育的角度來看，他們的設想是讓人們到了規定的年齡就退休。這些人也想讓國家開設教育課程，讓老師來為人們的心理提供慰藉，這樣人們的內心和精神不再空虛，不需要再找什麼寄託。而現在每一個人都是這樣盼望著別人幫助自己去做完所有事情的。這完全是一種走偏了的、極端錯誤的教育所導致的結果。

真正的教育能夠讓人們從身體、心理和精神上獲得完全的自由、獨立。真正的教育能夠讓人們真正領悟生命的意義。你們覺得，如果你們去問別人：他認為自己應當獲得什麼樣的教育？如果我們去探察人類的本質與人類的存在，我們是否會得到一個不切實際的答案呢？不，完全相反！其實，我們那麼做是在教育人們應該堅強的活著並讓生命不斷向前挺進。在教授文法的學校，接受這種教育的人能夠在將來了解和掌握更多的外部世界與實際生活中所需要的事情。這些人能夠進行學習和思考，他們會學習如何正確的表達自己的感受，他們會學習如何恰當的使用自身的意志。我們想要將這些都引入教育，讓真

理與力量進行主宰，而不是讓「我們應當正確的教育孩子」這樣一句空洞蒼白的話迴盪在教育的現場。我們應當讓孩子變成真正的人！

要為教育創造出更好的條件，就需要在外部環境的很多方面進行配合。華德福學校要為這幢美麗的建築埋下牢固的基石，也需要將很多機遇和條件聚合在一起。如果大家從內心深處找到這樣一種意義，並且能夠真誠的認為：「我們希望為將來的教育開拓一片天地，變成這方面的領軍者。我們是首批將孩子送到華德福學校來接受教育的父母，因為擁有了這樣一種意義，我們就變成了先鋒，我們將孩子託付給了未來最新的教育系統，為了嶄新的社會生活而做出了努力。有人認為某些外在的變化就能夠讓社會變得更好，對此我們是不相信的。我們認為，真正的改變必須要在藝術、科學、教育等核心方面發生，才能讓人們所盼望的人性化的目標實現，我們堅持這一信念，並因此成了這條路上的先鋒人物。」這將是多麼美好的一幅畫卷啊。

社會化是理所當然的，但是大部分人即使非常誠懇的說到社會化的時候，他們總是這麼想：「我們已經擁有了大學，但凡是大學談論的事情，都是正確的。也許我們需要對大學教授的社會地位稍微進行一下調整，但科學這件事本身卻是不應該受到質疑的。」不論是國中、高級中學，還是經貿學校 —— 人們並不覺得這些外部生活都是在這些學校裡誕生的。可是從這些學校畢業的學生卻創造出了外在的生活。人們最多會這樣想 —— 我們應當將目前初級教育的做法稍微進行調整。人們如

果說「一定要提供義務教育」，那相當於自己欺騙自己。我想弄清楚怎樣才能把這件事做成，但實際上除了自己欺騙自己以外別無他法，因為教育肯定需要一定的成本的，我們必須要支付相應的成本。怎麼可能不花費任何代價就得到教育呢？只有透過多繳稅或是其他什麼欺騙的方法才可能實現這一點。人們創造出了這種說法，但事實上卻沒有任何根據。

人們覺得應該在社會的這一方面或是那一方面做出某種改變。但我們覺得必須要從上到下的推動一些基礎變革的發生。我們需要在不同的師資培訓中、在學校內部注入另外一種精神、另外一種愛 —— 完全不同於當代複雜的教育體制，也不是由教職員帶到學校來的 —— 精神和愛。不幸的是，能夠這樣想的人真是太少了。如果大家能夠在這方面成為先行者，如果各位家長認同我們的理念 —— 為了人類更加美好的未來，我們一定會對教育系統進行革新，如果大家能夠帶著愛心和關懷，理解並參與到這一變革中來，那麼就等於對全人類做出了重大的貢獻。大家參與的積極性越高，對華德福學校裡所發生的事情越關心，我們的教職員團隊就能夠越好的與大家一起努力，你們的孩子也會得到更好的教育和發展，而這也會成為將來所有人類都可以獲得的教育和發展 —— 這一點已經處於我們可預見的範圍之內。

人們能夠獨自一個人發展出一整套理念，也能夠獨立寫下這些意見與想法。所有的想法可能都是非常深刻的，令人感到興奮。的確，人們可以單獨進行較為抽象的想像。但是，如果想要付諸實踐的話，正如我們想要創建一個全新的教育系統，

那我們還是需要獲得全世界的理解。尤其是你們這些想要把孩子送到華德福學校來的家長，必須要認可我們的理念才行。

默特先生談起與自己責任有關的話題時所說的話是完全正確的。實際上，我們所肩負的責任比想像中的還要重很多。在籌備這所學校的時候，我們就都認識到了這份責任有多麼重大，而且我們會將這份責任一直銘記下去。成立華德福這樣一所學校是一種非常激進的理想，在我們向著自己的理想努力前進時，這份責任感始終都被我們放在了心上。既然扛起了這份理想，我們就一定要將最廣泛意義和層面上的各種偏見全都打破。此刻，要明白採取怎樣的手段去教育孩子，尤其是在文法學校，要想做到這一點真的是太難了。因為那些空洞的口號已經釀成了一場極大的混亂。

「我們應該在玩耍的過程中進行教育。」處於中產階層的母親尤其堅持這種觀點，她們由於對孩子有著某種特別的愛──或許我們可以將其稱為寵愛或溺愛──因此格外關注自己的孩子。從某種角度來說，或許我們可以堅持自己的權利，表達教育不應當成為孩子需要應付的一項苦差事。站在這樣的立場上，人們認為教育應當是「好玩的、有趣的」。我們都非常清楚，在教育過程中，應當將玩樂與工作結合起來，兩者之間應當建立一種合適的關係，才能讓孩子做好面對未來的生活的準備。但是，我們也要明白一點，讓孩子像動物一樣接受訓練，其實已經不屬於玩樂的範疇了。這樣的玩樂在現在的學校裡經常出現，老師們像訓練動物一樣訓練孩子，並認為這是在玩，正如我們此前所談到的用迂腐、拘泥的方式進行反覆練習

和填鴨式教學。我們認為：真正的玩耍只能從自由之中誕生。但是，玩耍一定要與另外一種活動輪流進行，只有這樣，孩子才可以學會嚴肅、認真的去工作，才可以正確面對生命和生活中即將到來的繁重工作。我們不能喊著空洞的口號去工作，每一個人都需要有娛樂和玩耍的時間，也需要有認真工作的時間。在對每一件事進行判斷的時候，我們都會將處於成長過程中的人 —— 兒童 —— 所表現出來的天性作為判斷的根據。

正如應當讓自己去深刻理解人類的天性一樣，我們也應當逐漸讓這所學校發展到一個全新的境界 —— 每個孩子都喜歡這所學校，每個孩子都高高興興的來上學。我們不願意追求任何違背自然和人類天性的東西。孩子應當有屬於自己的假期，那種認為孩子在放假的時候仍然要到學校去學習、不能自由玩耍的看法，是違背孩子的天性的。當然，我們更不會愚蠢的認為孩子在假期玩了好幾個禮拜之後，在返回學校的第一堂課上，就能夠端端正正的坐在座位上乖乖聽老師講課。我們會逐個認識到這所學校來學習的每一個孩子。等到過了一段時間後，我們會與孩子們建立起友好而密切的關係，這可以讓他們在學校裡學習的時候，就像是在假期裡興高采烈的玩耍一樣。華德福這所學校的宗旨是讓孩子發自內心的去做他們應當做的事情，而我的工作也不只是向孩子發布指令。我們最大的目標是和孩子們建立一種關係，進而能夠讓孩子站在我們的立場，並且覺得：「我對於做這件事感到非常開心，我也非常願意與我的老師們一起去做這些事情。」

各位家長，當你們的孩子從學校回到家裡，我們希望你們

也能夠把聽孩子講述學校裡發生的事情當成一種享受。我們希望你們在見到孩子放學回家後臉上滿足、喜悅的神情時，也能夠感到非常高興。我們之所以有這樣的希望，並不是想讓生活變成某項娛樂活動，而是由於我們明白：在當今這個社會，有多少讓人感到害怕的事情是在學校裡發生的，但我們能夠讓教育變得不同於以往。我們明白，如果不能本著自己的良心去開始一種全新的教育，進而為建設一種新的社會環境而努力，人類便會迎來更為嚴峻的挑戰。我們會盡自己的最大努力、用一切方法來踐行我所講述的這種教育和教養，這並非為了讓孩子們變得快樂，而是我們明白快樂的心能夠賦予孩子更大的力量。

家長的責任 —— 將孩子送入未來、讓他們領悟生命

我們把這所學校建設成一個典範 —— 很多人都渴望在這樣的學校讀書，但他們卻從來都沒有勇氣進來看一看。人們最終能夠相信，人們也一定會理解 —— 所有的社會問題其實都是教育問題，我們只有在華德福學校付出辛苦和努力才有促進社會進步和轉變的可能。而建立華德福學校的宗旨就是對社會意識予以關注，如果忽略了這一點，那必然是一個很大的悲劇。我希望各位家長，如果想送孩子到華德福學校來讀書，那麼首先就應該明白這一點。對於自己想要在這個世界上做的事情，以及需要承擔的責任，我們有著深刻的認識，我們需要做的事情，全都是為了各位家長的託付，全都是為了我們的孩子。孩子的未來、孩子的發展有著各式各樣的可能。我們要承擔這份責任，並不是心血來潮，也不是突發奇想，而是明白這

個任務正是這個時代所安排給我們的，此刻，我們特別需要跟正在成長的人 —— 孩子們一起工作，並且採用人類目前所知道的最好的方法去培養他們。

我不知道你們是不是跟我一樣 —— 在此前那四、五年的戰爭[2]過程中，看見六歲到九歲或者更年幼的孩子們是怎樣慢慢長大的 —— 是不是會跟我一樣感到萬分痛心呢？如果你們不是缺少知覺、麻木不仁，而是對面前所發生的事情始終保持高度的關注，那麼就難免會產生一種深深的痛苦的感覺。如果沒有事先想出一些幫助他們的方法，引導人們從這種可怕的狀態中走出來，那麼當我們看見兒童最近的成長環境時，心情就更如同沉到了谷底一樣。看到他們這樣，我們就不可能不感到心痛，如果各位在考慮這件事的同時，也能夠下定決心盡最大的努力、透過不同的方法去教育孩子（人們目前的做法為孩子們帶來了很多痛苦和不快樂，所以我們一定要採用多種不一樣的方法），各位肯定也會覺得心痛。從最重大意義的角度來說，我們是在用教育來開創人類的未來。我們一定要明白，我們要對很多東西進行重新學習和重新思考。現在，我就已經從低年級和高年級的老師身上看到了很多讓人感到驚奇、值得我們去探索的事情。

前一段時間，我在鄰市發表了一場演講，在那裡有一所大學。我在演講中說，除了人們經常談論的那些社會問題之外，還有這樣一個事實需要注意，那就是儘管人們對於生活中所遇到的問題倍感失望，但都不覺得自己正處在一種缺少人性的環

2　四、五年的戰爭，指第一次世界大戰。

境中。然後我就對自己的觀點進行了介紹。演講結束後，一位大學老師來找我 —— 如今居然還有這種人存在，真是令人難以置信 —— 他說自己不明白現階段藍領工人的的薪資水準與他們所過的非人的生活有什麼關係。在他看來，工人的生存處境與別人並沒有什麼不同，比如有位歌唱家靠演唱謀生，他每個晚上可以獲得三、四萬馬克的收入。這與藍領工人靠工作來獲得薪資，或是他本人擔任大學老師，靠著教學來獲得一份薪水，都沒有什麼不一樣的。他無法發現任何差別。只不過收入高低不一樣，可是本質卻是一樣的。所以，他無法看到 —— 薪資讓人類的尊嚴或價值受到了貶低。他認為薪資單純的就是薪資。

這就是一個接受過高等教育、擔任大學老師的人說出來的話。其實，從中小學老師那裡，我們也聽到過相同的話。這些都表示我們對師資培育與教育系統進行改革和創新。可以這麼說：「現在，當我們聽到那麼多身在高等學府之中的人說要對社會進行重建，以及對學校進行改革是多麼必要的時候，那的確是最鮮活的例證，那說明我們必須要進行教育改革。這些人能夠這樣談論自己的主張，是由於這些學校的教育形式是我們最需要去改變的。」

也有可能，我們會遇到以下兩件事：

第一，默特先生的願望是創建一所學校，八天以後，這所學校即將正式開始上課了。由於我們這個時代所具備的特性，人們或許會對他的真實用意有所誤解和懷疑。我們或許也會由於碰到一些阻力而讓這個理想無法變成現實，這種阻力在一段

時間之後便會冰消瓦解。之後我們便會這樣說:「是啊,默特先生是一個非常理想化的人,他的願望更近乎於烏托邦。沒有人能夠輕易達成自己的願望。」人們為什麼會認為這是一個烏托邦?那是由於大家對這個願望還不能理解,或者是由於大家都在抗拒!

第二,人們對於教育改革的理解或許來自對現實社會的認知,以及對這個理想和願望的是否具有可行性的認識。既然如此,我們希望達成的願望便不再是標新立異,而是很合理、很正常的。然後它就會變成一件尋常之事,先是各位在座的大家、然後是其他人,都會這樣說:「有人非常務實的對這件事情進行設想,而其他人只不過是自以為的認為已經了解了生活的所有方面。」人們再也不會說:「這是一個烏托邦式的理想!」而是會這樣說:「這件實實在在的事情終於做成並且出現在這個世界上了!」

我希望能夠遇到第二種情況!有心、有志於為了社會發展而努力的人們,在今天以及未來都會發現這是非常必要的。你們是首批將孩子送入華德福的家長,當大家帶著一分理解、保持高度關注的和老師們一起並肩努力,就能夠實現令人非常滿意的成就。大家的理解和關注是這所學校發展的基石,同時也能夠讓這所學校獲得真正的成功。

在這裡,我要預祝華德福學校獲得成功!同時也希望它的成功能夠讓人發現它的興盛,將來,在很多不一樣的地方,也希望有人能夠做同樣的事情。很明顯,只有在很多地方的人抱著相同的目的去做相同的事情時,華德福學校想要實現的目標

才有可能獲得真正的成功。然後，會有越來越多的人選擇跟進。自由的精神會變成主宰，在這片自由、文明的大地上，會出現經過改良的社會訓練與教育系統。

這片文明的大地在經過這種精神的澆灌之後，就會誕生一股非常重要的力量，從而讓我們擁有一個更加符合理想、更加人性化的社會組織。

我希望大家都能夠明白，整個社會有很多的問題，但教育無疑是其中最為重要的那一個。希望你們能夠發自內心的理解這個問題，並始終懷著美好的願景，希望孩子們可以培養出思考、感覺（情感）和意志的力量。這樣一來，等到這些孩子長大以後，便會回過頭來對自己的父母表示感謝，因為這些孩子的父母發現並看透了最重要的社會問題，但是，這些家長仍然受著很深的困擾，因為他們本身並沒有在一種新的、擁有正確社會導向的教育中長大。如果這樣的話，那麼孩子就會更加感謝他們的父母能夠理解並支持這樣全新的教育理念。這些孩子會和其他很多孩子一起進入一個嶄新的時代，在真正人性化的教養和教育的培養下，他們能夠獲得屬於自己的力量。

人們用各種不一樣的方式來培養孩子，想讓他們變成有用的人。以前的教師也是這樣說的。透過這種新的教育系統和教學方式，我們能夠讓孩子以一種更加人性化的方式展開自己精彩的生命旅程。生命透過用這種新的教育系統和教學方式培養的孩子而逐漸成形，而生命中所蘊藏著的人類的天性會對善良、正直、為社會考慮的人提供啟示。

希望這種精神能夠一直貫穿於默特先生的工作，並透過華

德福學校來影響一部分人，最終實現為社會做出貢獻的目的。

在耶誕節集會上的演講

1919 年 12 月 21 日，斯圖加特

親愛的孩子們！

幾個星期之前，那時大家剛剛來到這座學校，我時常來看望你們。但接下來有一段時間，我中途離開這裡，去了一個很遠的地方，因為我有其他的事情需要處理。但即使是在外地，當我每天早晨起來開始工作的時候，我都會在想：「在華德福學校，我的那些親愛的孩子以及孩子們的老師都在做什麼呢？」在那段日子裡，一到白天，我就經常會想起這些。此刻，在耶誕節這樣一個節日，我非常高興又能夠到這裡來看望你們了。我進入了你們正在上課的教室，向你們之中很多的同學詢問：「你們愛不愛自己的老師？」

【此時孩子們在臺下喊道：「愛！」】

你們看到了吧，當時你們就是這麼熱情的回答我的問題的。隨後我便對你們說道：「這可真是一個好消息，對我而言，這也是最好的耶誕節禮物！」

這的確是一個非常棒的耶誕節禮物。親愛的同學們，你們要明白一件事 —— 是默特先生給了我們華德福學校這樣一個非常好的禮物。現在，我需要想一想你們在這裡是如何度過每一天的。晚上，你們入睡；早晨，你們醒來 —— 在獲得充分的休息之後，你們起床洗漱，穿上衣服並將一切都準備好。然後你們進入了這座美麗的校園。我相信，在你們之中，有很多

人──甚至可以說是所有的人，都在盼望著來到這座美麗的學校，因為在這裡有很多美好的東西在等著你們。

【「對！」孩子們一齊喊道】

你們肯定不知道，親愛的孩子們，在我離開你們的那段日子裡，我有多麼的想念你們，我在心裡總是這樣想：「那些華德福的孩子們，他們現在正在做什麼呢？」然後我就會在心裡對自己說：「那些可愛的孩子一定能夠做得非常好，因為他們的老師非常好，也非常有能力，這些出色的好老師們會用最誠摯的愛對他們講話，會為了讓學生們健康、茁壯成長而努力的完成教學任務」。然後我還會想想你們是怎樣來到這裡的，你們對於上學的渴望和期待，還有你們對華德福老師的愛。為了讓你們學會一切美好的事物，讓你們變成對社會有用的人，華德福的老師長期以來都非常努力。

親愛的孩子們，你們知道嗎，當我來到你們的教室裡的時候，我真的非常高興，當時有幾個孩子正在教室裡扮成魯伯[3]的樣子，另外幾個孩子扮成了小天使的樣子，他們唱著歌，爭論著一些非常有意思的事情。當你們看到我時，還能夠特別高興的跟我講話，讓我非常感動，這種感覺真是太好了。

你們知道嗎？替你們上課的老師為了教導你們成為社會的棟梁之才，是在哪裡獲得他們所需要的堅強毅力與優秀能力的呢？讓我告訴你們吧，是從華德福學校獲得的，學校為你們大

3　魯伯（Servant Rupert），歐洲傳說中聖誕老人的幫手，他總是隨身帶著一個黑色的口袋，會在耶誕節的晚上對在過去一年中總是做壞事和錯事孩子的給予象徵性懲罰。

家帶來了快樂，而你們也為學校送上了最好的禮物。

　　親愛的孩子們，請你們認真的聽我說，在這個世界上，有些跟我們人類不一樣的生命體 —— 比如我們身邊隨處可見的小動物們 —— 我們有時候會對這些動物感到羨慕。你們可以抬起頭來看看天空，看看自由飛翔的鳥兒，或許你們就會說：「啊，如果我們也可以飛就好了！那樣的話，我們也能在空中自由自在的飛翔了。」但是人類是沒有翅膀的，因此我們不可能像鳥兒一樣去飛。不過，親愛的孩子們，我們可以在精神的世界裡飛翔，在我們的身上，也有兩個翅膀可以幫助我們在精神的世界中自由的飛。長左邊的翅膀是「努力工作」，長在右邊的翅膀叫做「認真專注」。儘管我們看不到這兩隻翅膀，但只要我們能夠努力工作、保持認真專注，那麼我們就能夠飛進自己的生命，真正成為為了生活而準備好一切的人。假如我們都能夠努力工作並保持認真專注，而且我們都能夠擁有特別出色的老師 —— 就像你們的老師一樣優秀，那麼，我們所希望的生活就能夠早日到來，讓我們揮動努力、專注的翅膀，我們就能在老師的愛和關懷中飛進精彩的生命中。

　　親愛的孩子們，你們還應該明白一件事，有時候，你們會認為有比學習更加有意思的事情。但那都不是真的，因為沒有什麼事情能夠比學習更讓人感到快樂。舉個例子，當你喜歡一些無須透過努力和不經意間就能得到的東西時，那樣的快樂是很短暫的。你覺得它令你高興，但是那種快樂很快便消失了。學習不一樣，特別是你願意去學的時候，你可以張開努力與專注的翅膀 —— 親愛的孩子們，那時就會有一些東西進入你的

靈魂深處。這些東西會永遠留在你的靈魂裡——當我們學會了某些美好的、正確的東西時，我們可以反覆的去回味它們；我們可以一遍又一遍的去欣賞它，喜悅從來都沒有停止過。這是其他讓你覺得有趣的東西所無法相比的——那些東西只會讓你變得更懶惰，讓你無法擁有未來的種種可能。

請大家聽我說，在你們之中有很多人——甚至是所有的人，我相信，對於老師教給你們的東西，你們都能夠透過努力工作和認真專注來完成，等我下一次再見到你們的時候，我相信你們的眼睛裡也一定會流露出對老師的愛。因此，請確保你們不會忘記這一點，那麼，我想讓你們大聲告訴我：「你們是否發自真心的愛你們的老師呢？」

【「是的，真心的愛！」孩子們齊聲回應】

聽到你們的回答，我也對你們感到非常的欣慰。

此刻，親愛的孩子們，聽我說，如果在這裡的每一天你們都能感覺到老師對你們的愛，那麼等你們回到家以後，就把你們學到的東西對你們的爸爸媽媽講一遍，我覺得他們會非常高興，且並會稱讚你們說：「真好，我們家的孩子以後會長成一個有用的人才。」請務必將這句話刻進你們的大腦，因為這正是一個很好的時機。在這樣一個快樂的節日，我們在感到無比的欣慰和喜悅的同時，也可以將自己想要成為一個好人的願望銘刻自己的靈魂深處。這會幫助你們、激勵你們努力去實現自己的願望，當我看見你們有了更大的進步時，當我聽見你們說已經把對老師的愛鐫刻在心裡、永遠不忘的時候，我會再一次感到非常高興。所以，今天，我要給予你們最誠摯的聖誕祝

福，你們所希望的愛一定會更加圓滿，你們也可以繼續揮舞著兩隻翅膀——努力工作和認真專注，去自由的翱翔。

想對孩子們說的話已經說完了，接下來我還想對在座的陪同孩子們一起來的老師們再說幾句。剛剛我對孩子們說的話，完全是從我感到十分滿意的內心流淌出來的真情實感，因為我真的從他們那裡感受到了最美好的聖誕祝福。當我來到學校的時候，讓我感受最深的是一種我想稱之為良好校風的東西。這是一種很好的精神，它能夠讓老師和孩子們在學校裡相處的非常友好、非常團結。

或許你們已經看到並且感受到了，每年到了這個時候，都會洋溢著一種熱烈的聖誕氣氛，但教室裡仍然進行著嚴肅的教學工作，這真是讓我感到非常滿意。所有老師都在設法溫暖孩子們的心理，啟發他們的成長，這是對正規教育課程的一種有益補充。

最後，我最親愛的孩子們，我想向你們發出呼籲，並以此作為我的聖誕祝福的結束語。同時也希望你們能夠透過不斷的進步讓老師們感到滿意。

孩子們，當你們與其他的同學一起走進教室的時候，你們應該記住，要懷著真誠的愛去關懷每一個同學。如果你們每個人都能擁有這樣的愛心，那麼你們就能夠在老師的關心下健康成長，這樣你們的爸爸媽媽即使是在家，也不會擔心你們。

女士們、先生們，希望今天我在這裡所說的可以產生一些良好的影響。我希望，在孩子從學校回到家之後，在他們說的每一個字裡面，在他們望向你們的每一個眼神中，這所學校的

宗旨和精神可以慢慢滲透到每一個人的身上，滲透到每一個人的工作和生活中。希望今天這些能夠對我們的靈魂產生影響的話語，能夠像一束光一樣，為在場的每一個人都帶來一絲溫暖，並且能夠對人們的生活產生持久的影響。

在每月集會上的演講

1920 年 6 月 10 日，斯圖加特

【在德國的巴登 - 符騰堡邦有一個慣例，學校每個月都會讓學生放一天假，但魯道夫‧史坦納主張這一天把學生們召集在一起，舉辦一個小型的慶祝活動之後，然後再放假。為了讓慶祝活動氣氛更加活躍，每個班級都會將自己一直以來在朗誦、戲劇、音樂和優律思美，或是外語、體育等方面的學習成果進行展示。只要是魯道夫‧史坦納人在斯圖加特，幾乎都會在慶祝活動上演講。】

親愛的孩子們！

上一次在這裡，我記得曾經告訴過你們，在瑞士多爾納赫，我們正在為成年人修建一所學校[4]。但是，當我親愛的朋友默特先生到多爾納赫去接我來這裡的時候，我感到特別高興！因為這樣能讓我再看到你們，並且我可以再跟你們一起待上一段時間，順便看看你們正在做什麼。

我不但會對默特先生來接我感到高興，而且還會產生這樣一種感覺：「此刻我正在前往華德福學校 —— 那座為我親愛的孩子們而創建的學校的路上。」這句話的意思就是，我是為了為你們才來到這裡的，因為你們都是想要變成為了生活而做好一切準備的棟梁之才。

---

4 一所學校，即歌德學院，也稱「歌德堂」，魯道夫‧史坦納於 1913 年創建，但直到 1921 年這所學院才完全建成。

　　由於我剛剛來到這裡沒有多長時間，還沒有看見太多的同學，目前只看到了一年級和八年級的同學們 —— 不過我所見到的都讓我感到非常高興。我見到了一年級的老師是這樣耐心而又親切的幫孩子們在各方面獲得進步的，我也有幸跟八年級的同學們一起上了一堂非常棒的課。那是一節歷史課，講述的是人類在地球上怎樣進化和演變，這是一個在精神的驅使下持續進行的過程：在人類歷史進程中誕生的某些東西為我們將來的工作帶來了希望，它向我們親愛的正在上八年級的年輕朋友們傳達了一種直達靈魂的美好精神。我也希望看到其他所有班級的同學也能夠擁有這種精神。 —— 當我看見我們的朋友默特在這裡開創的事業是這樣一點點的發展壯大，我感到非常高興。

　　你們進入這所學校的時候，正好是秋天。當時我們曾經設想過會在這裡經歷些什麼，以及能夠培養和創造出什麼，那就是同學們之間相互的愛，同學們對老師的愛，對這座學校的愛。此刻，每天早晨，你們都會享受到老師教給你們的新東西，你們也能夠體驗到春天帶來的那種破土而出的感覺。你們看到樹木正在一點點變綠，而且我現在還記得當我進入樹林的時候聽到了什麼 —— 我相信你們也能夠聽到 —— 鳥叫聲，我感到非常高興。

　　當然，今天我還聽到了另外一些其他的東西，我將它們視為特別的感恩禮物。我聽說，在老師的指導和幫助下，你們把一些完全發自內心的東西表達了出來。我不但聽到了鳥兒在樹林裡唱歌，也能聽到你們向老師們表達的的話語 —— 當然兩

者也是有區別的。

當我聽到小鳥在唱歌的時候我覺得非常開心，可是我也很清楚，當我觀看你們的演出時，一定也有其他的東西存在其中。那種東西被我稱為人類的精神。也就是說，對我訴說和歌唱的不是你們身體，而是你們的精神！在樹林裡，我們能夠聽見鳥兒在鳴叫，在你們唱歌時，我能夠聽到的很多不一樣的東西正在從你們的精神深處向我走來。這是人類在與大自然的對話時所領悟出來的東西。

當然了，在大自然中，還有很多有意思的東西。比如你們可以觀察植物是怎樣生長的，樹木是怎樣變綠的。而所有的一切都是在光的照射下完成的。光在整個宇宙中流動著。由於有了光和熱，世間萬物 —— 所有那些讓你在視覺上、身體上和心理上感到愉悅的東西都會破土而出。而你們用耳朵聽到的，老師們用耐心和毅力所教給你們的，那些穿越整個世界最後進入你們眼睛的，還有我從你們那裡聽到的所有迴響，不光是你們的歌唱和舞蹈，還有你們對於學到的與人類有關的一切知識 —— 這些都會在你們的精神深處變成一束光。

試著想一想，如果沒有陽光的話，這個世界上的植物會變成什麼樣吧。這些植物將永遠是根，永遠無法發芽，永遠不能開花，天空也永遠都是黑暗的。因此，假如你們沒能夠找到一所學校並在裡面學到一些知識和技能，就進入社會闖蕩的話，那麼你們就變成下面我說的這樣：你們會像一棵從來沒有受過陽光照射的植物一樣，永遠無法綻放美麗的花朵。

這也是為什麼我會因為富有遠見卓識的默特成立這樣一所

學校、而你們也可以在這樣一所受到你們熱愛的學校來讀書並感到如此高興的原因。讓我們一起去追尋靈魂之光吧，就如同植物會努力追尋太陽的光和熱一樣！

我不想總是在你們面前重複一些相同的話，我也不想在每次我來這裡的時候，聽到的都是一些同樣的話，不過有一件事例外，我希望每次都能夠從你們的嘴裡說出來 —— 這是一個你們必須要回答我的問題，因為我最想知道它的答案。現在讓我問問你們：「孩子們，你們是否還愛你們的老師呢？」

【「是的，愛」！孩子們大聲回答道。】

瞧，這是我最想從你們大部分人甚至是所有人那裡聽到的。你們應該把自己對於老師的愛深深的鐫刻進精神深處。你們對老師的愛能夠幫助你們很好的走進生活。每次當我來到這裡的時候，我都希望感受到你們在學習方面獲得的進步，但同時我也希望聽到你們對我說，你們仍然持續的愛著你們的老師。我可以確定，就算我回到了多爾納赫那座正在為成年人學到更多東西所修建的偉大的建築，我也依然會想念這裡的華德福學校，我會帶著愛和快樂來想它。現在，有很多人在想起這所華德福學校的時候，內心都會充滿愛，他們總是想：「學校裡的那些孩子將會成為多麼傑出的人啊，他們在小的時候，內心就已經充滿了對老師的愛。」

對了，還有一件事情，我必須要替史坦納夫人轉達她對你們的問候，因為她今天有事不能到這裡來了。

在這裡，有一種精神應該一直傳承下去，這種精神是由老師傳達到這裡、傳達給你們的。無論你們是閱讀、寫作，還是

在做算術 —— 不論你們做什麼事情 —— 都應該努力工作和保持專注。這種精神應該在學校流行並一直傳承下去，讓你們的老師用愛、耐心和毅力將這種精神帶給你們。

如果你們當中有誰注意力不集中，那麼另一個人便可以滿懷愛意的對那個人說：「嗨，努力工作和保持專注能夠讓我們登上生命的巔峰。前進吧，朋友！讓我們一起去攀登生命的高峰。」[5] 所以，當發現身邊的朋友有所動搖的時候，你們每一個人都有義務去幫助他 —— 人人為我、我為人人、充滿愛意，在場的所有人都應該這樣。要讓愛在你們中間流淌、傳遞，這種愛既有對彼此的愛，也有對老師的愛。這也是良好校風的一項重要內容，我們需要在華德福學校重點培養。

5　「嗨，努力工作和保持專注能夠讓我們登上生命的巔峰。前進吧，朋友！讓我們一起去攀登生命的高峰。」這是本次活動開始的時候，華德福學生們所演唱的一首歌的歌詞。魯道夫・史坦納在演講時引用了這兩句。

在第一學年末全體師生會議上的演講

1920 年 7 月 24 日，斯圖加特

大家都知道今天是什麼日子，我們華德福學校自從成立之後，終於度過了一個完整的學年，今天是這個學年的最後一天，我希望大家能夠牢牢的在心裡記住：為什麼我們能夠進入這樣一所美麗的學校學習？默特先生和他的夫人，他們作為我和你們最親愛的朋友，為了我們 —— 親愛的同學們和很多人，共同創建了這所學校，他們為什麼要這麼做呢？而你們在每一天的早晨起來之後就會到這裡來學習，又是為了什麼呢？最讓人感動的是，還有人不辭勞苦的來到這裡教導你們成為心地善良的社會棟梁，他們這樣做又是為了什麼呢？

親愛的孩子們，我想你們應該都能記得，在這一個學年裡，我經常到學校裡來，每次來我都會向你們問這樣一個問題，這個問題是我從內心深處最想知道答案的。我總是問你們這句話：「你們愛不愛自己的老師？」

【「是的，愛！」孩子們齊聲回應。】

看吧，你們都記得。每一次，你們都像現在一樣熱烈的回應我。

接下來幾個星期的時間，你們就看不見自己的老師了，所以，現在我要對你們說一些別的事情。當然了，在放假期間，我也希望你們能夠經常在心裡想想這些問題。接下來，我想對你們說的是，「儘管放假期間看不到老師，可是，你們仍然要

懂得感恩 —— 感激教過你們的每一位老師。」大家都要渴望學習新的知識那樣，竭盡全力、發自內心的去愛你們的老師、對他們充滿感激之情，這樣，等到你們問自己「我是不是感激自己的老師？」的時候，你們才能夠由衷而且真誠的回答一句：「是的，我感激我的每一位老師。」

除了這件事，我還要對你們說一些其他的事情。親愛的孩子們，你們就讀於華德福這所可愛的學校，所以，從你們的嘴裡，絕對不能說下面這樣的話：「嘿，學校的生活已經告一段落，現在是假期。我們在學校裡的時候，必須要努力學習，不過現在，我們可以放輕鬆了。什麼都用不著我們去做。可以偷懶了，真是太讓人高興了。」你們都明白，我們不應當說出這種話。我們要說些有意義的話；比如我們應當這麼說：「是啊，今天又是一個美好的日子。」我們在這一天做了非常多的事情，其中有美好的，也有痛苦的、悲傷的，可是，倘若人們無法透過眼睛、耳朵、手和心等感官去感受世界上的萬事萬物，去感受所有美好的、偉大的、真實的事物，人類又怎能稱之為人類呢？

可是，假如我們不能好好的睡覺和休息的話，我們就無法認真的聆聽與觀察世界上那些美好的東西。當你度過了美妙的一天之後，到了晚上，你們就必須要獲得充分的休息，這樣的話，當你們在第二天早晨醒來的時候，你們就會覺得神清氣爽、容光煥發。倘若你們躺在床上一直睜著眼不睡覺的話，那麼，你們到了第二天就肯定無法享受那真實、美妙的生活。整體說來，生活就是這個樣子的。聽我說，親愛的孩子們，以下

這些想法都是錯誤的:「現在放假了,我們可以讓自己放鬆一段時間了。」你們應當這麼想:「親愛的老師們教會了我們許多的知識,這些知識都是人類不斷累積並流傳下來的,否則我們就無法學到 —— 既然我們已經掌握了這麼多的知識。那麼現在就讓我們稍事休息,等我們休息好以後,我們便又能夠精神飽滿、活力四射的回到學校裡去上課了。其實,我們每一個人在下個學年都要進入高一年級;我們真的應當帶著飽滿的精力,牢記對我們充滿愛的老師們透過努力工作所教會我們的知識,以便日後透過這些知識為人類服務。」這才是我們應當思考的內容 —— 在假期裡,我們要好好的休息,這樣,等假期結束之後,我們才能有充足的精力去迎接新學年。

在這之後,親愛的孩子們,我要跟你們談談華德福這所學校建立和存在的價值,以及你們進入這所學校學習的價值。想一想,你們日後將會變成一個什麼樣的人,必須是身體、心理、精神都健康、全面的人。不論是誰,每一個人都具有身體、心理與精神這三個方面。當一個人剛剛從母親的肚子裡生出來的時候,他的身體很小,而且心理與精神都很不完整。當然,你們至今仍然是不完整的,可是,你們應該讓它變得完整起來。在華德福學校,你們會慢慢掌握各種嫻熟的技巧,這可以幫助你們應付生活中可能出現的一切狀況。而且你們的老師會非常用心的去幫助你們;你們還能學到優律思美課[6],這門課

---

6 優律思美課,魯道夫·史坦納發明的一種將語言發音與舞蹈動作相結合的舞蹈,又稱音語舞(Eurythmy),它對每個母音、輔音做出了不同的規定,當孩子發出這些母音、輔音時,便做出相應的動作。

會讓你們了解，什麼樣的運動能夠提升身體的機能，這樣，等到你們同時面對很多種情況的時候，你們的身體就有足夠能力去應對這些情況，甚至可以達到應對自如的程度。你們小時候無論做什麼都顯得非常笨拙，但你們一定要變得十分熟練。在心理上也是如此，透過良好的培養，能夠讓你內心變得強大，從而去應對生活中出現的各種狀況。這就如同要解開一個纏得亂七八糟的線團 —— 必須要先將你的內心梳理清楚，然後才能梳理生活中的那團亂麻。強大的內心就是透過這種方法培養出來的，這麼做了以後，你們就能夠有更大、更強的氣魄去面對和處理生活中遇到的各種事情。此外，還有一點，就是你們精神層面上的東西，親愛的孩子們，假如我們不對自己的精神進行培養的話，那我們從根本上就無法成為一個真正的人。因此一定要對精神進行培養，我們才能成為一個善良而且有能力的人。

長這麼大，想必你們也都能明白一件事，家長們在勞碌了一天之後，小朋友們在盡情的玩樂、認真學習之後都需要睡覺，但有些時候人們會在睡覺的時候做夢。你們每一個人應該都曾經做過夢。夢有的時候是非常美好的，有的時候則會讓人感到害怕和憂慮。明天就開始放假了，你們也要進入休息的狀態。而你們即將遭遇的事情也許都會被你們當成一個夢。放假期間，當你們想起學校的生活時，你們也許會回憶起在學校上學時的情景，「哦，我的老師非常好，我從他那裡學會了非常多的知識，每天我都會高高興興的去上學。」當你想起這一切的時候，就如同在假期裡做了一個美夢一樣。如果你是這樣

想的:「唉,我原本不該這麼懶惰的。」或者「我真的不想去上學。」諸如此類。那麼,這些就會變成你假期之中的惡夢。在放假期間,我們完全可以經常回憶在學校裡度過的時光;比如說,你可以像接下來我說的這麼想:我的記憶慢慢返回了在華德福學校上學的那些日子,在那段時間,我的身體慢慢變得強壯,我的內心逐漸變得強大,我的精神世界也獲得了豐富和發展,我變成了一個真正的、成熟的人。如果你總是這麼回憶 —— 自己的身體是如何被塑造的?自己的心理是如何被培養的?自己的精神是如何被發展的?而最後你又會獲得什麼樣的結果?到那時,你就相當於在自己美好的假期生活中做了一個美夢,而且,這種假期生活也能夠幫助你們成長為一個優秀的、能力出眾的人。

你們也許都知道了,今天我剛剛來到學校的時候,你們之中有一位小朋友送給我幾樣禮物。讓我們一起來看看這些禮物都是什麼東西吧。看啊,一塊毛巾和一朵小白花! —— 這就是他給我的禮物。讓我來猜一下:送我毛巾,可能是覺得我需要洗手,然後讓我用毛巾來擦手,而小白花的意思則可能是說,大家學習的課程就像這朵美麗的小白花一樣正在綻放著。

【此時魯道夫·史坦納舉起了一塊毛巾。】

這塊毛巾給了我們一個提醒,我們需要用我們在學校裡學到的知識來將我們靈魂深處所有不完整、不乾淨的東西全都清除掉,其中就包括讓我們變得懶惰的壞想法與糟糕的情感。我希望你們每個人都能擁有一塊精神上的毛巾,這樣你們就可以用它來幫助你們除掉懶散、反應遲鈍和不努力等多種壞習慣。

對於你們送給我的這個小禮物，我感到非常滿意，因為我可以用它來告訴你們怎樣清除靈魂深處不應該存在的東西。

接下來讓我們再一起看看這朵小白花！在華德福學校，你們學會了很多知識，這些知識就像在你們內心深處綻放的無數朵小白花。當你回想起在這裡學習過程，不妨就想一想這朵小白花吧。華德福學校不但能夠幫助你的身體健康發育、各項機能逐漸完善，你的內心世界也因此變得更為強大，而且也打開了你精神世界的大門，所以你因此逐漸發展成一個完整的、真正的人——當你想到這些花朵一天天在你的身體、內心和精神中生根、發芽、成長，你就應該慶幸和感激。我們在生活中遭遇的一切事物都能夠對我們的成長有幫助，它們可以教會我們怎樣進行正確的思考。這些話就是我想對你們說的，親愛的孩子們。

另外，你們還要經常想一想自己的同學！你們在班級裡互相認識、成了朋友，我始終都希望你們可以友好相處。同學之間應該經常互相想念，多想想你們一起學習、一起玩耍時的快樂時光，在老師的幫助下，你們都成了優秀的、獨立的、有知識的人，這是多麼好的一件事情啊。放了假之後，你們不能總是想著放鬆，不能想著偷懶，你們要好好的休息，等獲得了充分的休息以後，重新回到學校的時候，你們要精神飽滿的去學習老師教給你們的新知識。」

我明白，你們現在也許還無法完全理解我的意思，但是，我仍然想當著你們的面，再跟負責教學的可愛的老師們再說上幾句。現在，他們暫時可以將華德福學校的教學任務放一

放了，我希望與他們握握手。首先，我要跟默特先生和他的夫人握握手，他們為我們創立了這所學校，這可以讓我們在這裡為處於困境中的人們做些事情。親愛的孩子們 —— 就像我所說的，我此刻的談話對象是老師們，但你們也應該認真的聽一聽，並牢牢的記在心裡 —— 剛剛過去的幾年，是人類所經歷的最痛苦的一段時間。那幾年，很多人都在打仗、流血、受傷。此外，還有很多困難和問題等著我們，接下來的日子，看上去依然非常糟糕。但是，我們在華德福迎來了一批勇敢的、有魄力的老師，他們相信了我所說的話，認為現在的人們必須要堅持一些根本性的東西。進入華德福工作的老師都有這樣一個共識：「是的，我們一定要努力去為孩子們提供最好的服務，這樣，等到我們老了以後，孩子們就用不著再去經歷那些讓人感到痛苦和不幸的事情了。」這需要很大的勇氣，需要付出很多努力，但是它也能讓我們獲得最重的東西，這些東西可以讓我們的內心被喚醒、讓我們的靈魂不再沉睡。親愛的老師們，這也是我為什麼要與你們熱情握手的原因。倘若許許多多的人的內心和靈魂都可以被喚醒，並且會時常來看看你們正在做的事情，而不是始終陷於沉睡狀態，倘若有人可以繼承你們的工作，那麼，你們就會明白，你們是這項事業的先驅，是最早為了人類的未來而付出艱苦努力的人。

　　每天早晨，當老師們進入學校，為你們這些可愛的孩子上課的時候，他們都非常清楚，他們正承擔著這個時代需要他們來承擔的責任，而且，他們還會把自己的一切都奉獻給你們，忠實的履行自己的責任。所以每次我向你們提出「你們愛不愛

自己的老師」這個問題的時候，你們都能夠立即大聲回答「是的，愛」，每次當我聽到這樣的回答時總會感到非常溫暖。所以，放假期間，我也想弄清楚你們是不是仍然會對你們的老師保持感激之情。不過，親愛的華德福的老師們，請允許我熱情的與你們握握手。我要向你們表示感謝，是你們在教學過程努力幫助孩子們學到了知識、培養了能力，在今天這樣一個美好的日子，我要透過握手這種形式來對你們為人類未來所付出的心血和努力表示感謝，當然孩子們也應該對你們表示感謝。

孩子們，除了老師們盡心盡力的向你們傳播知識以外，還有另外一件事我想在這裡說一下，那是一種被我命名為「華德福精神」的東西。這種精神指引著我們再一次擁有了真正的虔誠之心。這種精神從每一個老師的身上傳播到了你們每一個孩子身上。即使有些科目看上去與虔誠之心毫無關係 —— 比如說算術。不過，這種精神卻透過老師的言傳身教讓孩子們牢記的記在了心裡 —— 它是一種充滿愛的精神，而且這種愛是人類真正的愛。為什麼我想讓你們擁有這種精神呢？因為我希望你們在這裡不僅能夠學到有用的知識，也能慢慢的學會感知人類的互相關愛。從明天開始，你們就要放假了，我希望你們時常能夠親切的想一想自己的同學。「我盼望著和同學們再次相見！等到我和同學們再次見面的時候，我們會一起容光煥發的並肩走進教室，在老師的教導下，透過自己的努力，去成為一個優秀的、對未來社會有用的人。」

孩子們，在假期裡你們一定還得考慮一下這個問題：如何在學校的生活和全人類的生活之間建立一種連結。每個人都會

變老，等到了七、八十歲時，就會發現生活不僅有歡樂和美麗，也有悲傷與醜陋。就像我剛才所說的，我們每個人都會變老，都會有七、八十歲的時候。在這裡，我們可以把自己的一生比作一天的二十四小時。如果這樣，那麼每一年其實就相當於二十分鐘，而你們在小學階段所度過的八年其實也就跟一天的兩到三小時差不多。所以，你們一生中在華德福學校所度過的時間也就是兩到三小時。而在其餘的二十來個小時，你們要做的事情就是生活和工作，同時還要一直保持華德福精神，要懷著對其他人的愛，只有這樣，才可能有美好的事情降臨到你們每一個人身上 —— 如果你們能夠明白，自己在小學所度過的相當於一天的兩、三個小時的時間內，擁有了可以讓自己受益一生的東西，它們能夠讓你們的內心獲得真正的安慰、能夠帶給你們面對生活的真正的勇氣，那麼，在接下來的二十來個小時中，它們就能夠一直賜予你們力量，你們的內心也能夠永遠充滿力量，並且具備解決生活中一切困難的能力。

親愛的孩子們，你們可以明白的告訴自己，今天已經是你們進入華德福學校的第一個學年的最後一天了。在放假期間，你們應該不斷想起在學校裡所發生的事。我希望能夠把這些話深深的刻進你們的內心，然後，讓這些話像這朵美麗的小白花一樣盛開在你們的內心 —— 你們便會經常產生這樣的想法：「我想趕快回到我親愛的華德福學校，因為我的身體在那裡能夠發育得更快，我的內心會變得更多強大，我的精神會被更快的喚醒，我能夠變成一個真正的人。」等到你們長大成人，到社會上闖蕩的時候，我希望你們每一個人都是善良的、正直

的、有能力應付一切的人。

現在，我想對大家說的話已經說完了。這些話完全發自我的內心，完全是由於我對你們的愛，你們可以用筆把我說的記下來。最後，再讓我們來設想一下那種場景吧 —— 假期結束之後，你們重新回到了華德福學校，在這裡，你們的身體繼續長高、變得更加強壯，你們可以出色的完成工作，你們的內心將變得更加強大，你們的精神將被喚醒，你們最終成為了真正有用的人。這些都是你們回來以後將要經歷的。

再過一會，你們就會收到這個學年的成績單。不過，在成績單上，你們無法看到自己得了多少分，上面是老師們對你們在這一個學年所有行為和學習狀態的一個簡要的評析。每一個拿到優秀成績的同學都不要把它當成可以偷懶、放鬆的正當理由，而成績不太理想的同學也沒有必要傷心難過甚至大聲哭泣，你們應當堅定自己的決心，在下一個學年付出更大的努力。

根據華德福學校這一年來已經逐步建立起來的規矩，我希望你們在臨走之前都去跟自己的老師握握手，並對他們說，「等秋天我們回來以後，會繼續努力學習，我們要讓自己的內心變得更加強大，我們要喚醒自己的精神，我們要成長為真正的人。」

那麼，就讓我們期待下個學年再見吧！

關於思考的實用性訓練

1909 年 1 月 18 日，卡爾斯魯爾

　　研究人類教育學的學者應當承擔一種責任 ── 多講一講與思考的實用性訓練有關的問題。人們普遍有這樣一種看法，那就是深入的思考並不能滿足人們的實際需求，而且與日常生活也基本上沒有什麼關聯。大多數持有這種觀點的人在看問題時都比較淺薄，因為我們此時、此刻、此地將要討論的話題正好就與人類的日常生活密切相關。它隨時都可以轉化成我們的外部感覺和內心感受，讓我們以一種安穩的姿態與生活相遇，並在這個世界獲得一個穩定的位置。

　　很多覺得自己「務實」的人，往往覺得自己的行為都是在最符合實際、最務實的原則下進行的。可是倘若我們經過認真審視之後就會發現，所謂的「務實」，不過是受到了傳統和習慣的驅動，它們與思考毫無關聯，卻一直這樣延續了下來。透過我們對「務實」的人進行認真、全面的觀察，並對人們通常意義上理解的「務實思維」的進行客觀分析，我們得出了這樣一個結論，其中並沒有發現絲毫「務實」的成分 ── 人們通常所認為的「務實思維」或者觀點其實只不過是沿襲了傳統意義上某位權威人士對某種事物的論斷，並由此形成了固定的標準，此後，所有其他與這種論斷或標準不一樣的觀點就都被認為是「不切實際」，因為這些不一樣的觀點與人們傳統的觀念是完全搭不上邊的。

　　不管在什麼時候，任何一種對人們真正有益的東西都是被一個在相關領域沒有任何認知及實踐經驗的人發明出來的。例如現在我們經常使用的郵票，大家一定認為是由在這方面有實際工作體會的郵政局官員發明出來的。但事實卻並非如此。直到上世紀初，郵寄信件還是一件十分繁瑣的事情。為了郵寄一封信件，人們必須要到附近負責收信件的辦公場所，去查閱很多資料，辦理很多手續。事實上，我們現在已經司空見慣的郵政系統也不過剛剛誕生了六十年，我們現在所用的讓一切變得切實可行的統一流程的郵票，也並非由一位追求實用和效率的郵政員工所發明的，發明郵票的人是一個徹徹底底的門外漢，他的名字叫羅蘭‧希爾（Rowland Hill），是個英國人。

　　郵票被發明以後，郵政部門開始統一使用這種方法，但英國的郵政大臣卻在議會上聲稱，不能由於希爾先生這種存在於預想中的不切實際的做法，就理所當然的覺得郵政系統在使用了郵票之後就會使工作簡化，就算是工作因此得到了簡化，也無法保證倫敦的郵局擁有相配的、可以處理不斷成長的郵政業務的能力。但是這位極為「務實」的郵政大臣此前卻從未想過，郵局應當根據自己的業務量來調整，而不是將郵局的實體大小當作限制業務量成長的條件進行考慮。但真實的情況卻是這樣的，這位被認為「不切實際」的希爾先生被逼無奈，只能在最短的時間裡對「務實」的郵政大臣展開反擊，最終將郵票改革變成了現行的事實。直到今天，我們每次在寄信的時候，都會很自然的在信封上貼一枚郵票。

　　在歷史上，修建鐵路最初開始修建的情況與郵票是十分類

似的。西元 1837 年，德國開始興建鐵路，這時負責大眾諮商工作的是巴伐利亞醫學院，他們覺得修鐵路絕對是一種不明智的做法。而且，他們還認為，假如一定要修建鐵路的話，那麼就必須在鐵路兩旁樹起高高的屏障物，以防止火車駛過時發出的聲音會對民眾的大腦或神經造成損傷。

在設計波茲坦通往柏林的鐵路時，一位德國郵政大臣認為：「現在每天開往波茲坦的雙向長途車上，乘客都還沒有坐滿，如果你覺得錢多，想往窗戶外面撒錢，那麼沒有必要先建一條鐵路再坐著火車撒，直接撒到大街上，不是更簡單嗎？」

但在實際生活中，那些「實用的」，或者說那些覺得自己務實的的人往往會受到無情的打擊。我們必須明確的分辨出哪個是真正的思考，哪個是所謂「務實的思考」，其實「務實的思考」從傳統的思維慣性中就可以推斷出來。

下面，我將用我在學生時期的一段經歷作為今天這篇演講的開場白。有一次，一個年輕的同學興沖沖的找到我，說他剛剛想到了一個十分聰明的辦法，所以他一定要馬上見到 X 教授（這位大學教授當時教的課程是機械構造），因為他剛剛的那個發現是一個非常偉大的創意。「我想我知道了，」他對我說，「怎樣透過最小的蒸汽動力，加上稍微經過改造的機械裝置，就可以產生極大的能量。」當時，他非常迫切的想要見到 X 教授，幾乎連一分鐘都等不了，更不想跟我多說一句。但他卻沒能見到教授，所以只能悻悻的回來了，然後詳細的向我講述了他的想法。乍一聽，原理有點像是永動機，可是，就算與永動機不是完全一樣的，又怎麼可能會實現呢？當我聽他講述完畢

之後，我只好對他說，儘管他的發現毋庸置疑是非常聰明的，但卻跟下面這個例子非常相似 —— 那像是有個人站在一節火車的車廂裡，他用盡自己的全身力氣，去推車廂中任何一個他想推的地方，然後，等到火車開始行進的時候，他覺得那是因為自己的力量才讓火車動起來的。「這個例子，」我對他說，「其中的道理與你的發現是相同的。」最後，他自己也認識到了這一點，所以後來也沒有再去找 X 教授。

我們每一個人都很容易把自己封閉在一個由自己的想法構成的圈子裡。生活中這樣的例子有很多，只不過並不像我上面所舉的那個例子那麼極端。越是貼近生活去觀察社會本質，就越能發現，生活中很多人的思考方式都是這樣的。比如說我們時常會見到，有些人坐在車裡，說車子之所以能動，是因為他們在車裡推。如果人們不用這種自欺欺人的方式來面對生活的話，那麼生活中有很多事情其實都可以發展成完全不同的的樣子。

真正的思考實踐通常需要具備一個先決條件，那就是採取一種正確的態度和真實的感受來對待思考。怎樣才能獲得對思考應當採取的正確態度呢？不管什麼人，如果他認為思考只是大腦或內心所進行的活動，那麼就永遠無法獲得對思考的正確的感受。不管什麼人，只要堅持這種想法，最終都會被一種虛假的感受所代替，沒有辦法養成正確的思考習慣，更沒有辦法對自己將要展開的思考下達正確的指令。對於思考，需要透過正確的感受來進行，而能夠獲得這種感受的人會持有這樣一種觀點：「如果我可以明白的表達出自己對於所有事物的思考，

並且可以透過思考來感知一切事物，那麼這些事物的本身一定是先天就具有思考價值的。所有事物都必須建立在已經進行了深入思考的基礎上，也只能是由於有了這樣一個過程，我才可以對事物進行深入分析，找到其值得思考之處。」

現在讓我們創造出這樣一個假想的情境——我們所處的這個世界從某些角度來看，與手錶十分相似。經常有人說手錶可以與人體類比，但是他們大多數都忘了一個非常重要的問題——手錶是人做的。這一點我們一定要時時刻刻記在心裡：那麼多的齒輪是不會自動搭配組合在一處，然後由指針自己主動「走」的。首先一定得有一個製作手錶的人，把手錶上各式各樣的零部件組合到一起。千萬不要忘了做手錶的這個人，只有透過他的思考和行動，手錶才能夠被做出來。他的思想就像是貫注到了手錶之中，並透過錶針的走動才能展現出來。

各種自然現象的運行也必須透過類似的視角來觀察。如果是發生在人類身上的自然現象，那麼我們可以很容易的用圖畫的形式展現出來，不過大自然的運行方式卻沒有辦法輕易的展現出來。因此，這就需要進行思考，在一切運動的背後都需要透過思考進行了解。所以，當一個人在對某種事物或活動進行思考的時候，他其實只是對其原來就有的內容重新進行思考。認為這個世界是人類透過思考和不斷總結所創造的，這一觀念將透過內在的思想實踐不斷結出豐碩的果實。

否認對思考對於世界的改造作用，會導致很多錯誤的產生，即使在科學範疇內也是如此。例如，目前的星系理論認為太陽系是原始星雲透過不斷旋轉導致密度增加最終變成了一個

實體，這個實體變成了一個以太陽為中心，其他星球則附著在了太陽的周圍。但是提出這個理論的人在思考的過程中犯下了一個很大的錯誤。

以前在學校的時候，老師會用一個非常簡單的小實驗來對這一理論進行示範：在一杯水的水面上滴上一滴油，然後用一根長長的木棒去攪動浮在水面上的油，然後，自然就會有很多分散開的小油珠，這些以原來那一整滴油為中心被甩向周圍，這不正如一個微型的星系一樣嗎？老師們覺得，用這種方法就可以向學生們證明，我們所生活的星系就是以這樣純機械的形式形成的。

為什麼會得出這樣的結論呢？因為做實驗的人都採用了一種不切實際的思考方式，他們認為宇宙的起源就像這個小實驗示範的一樣簡單，但他們卻忘了一件事情 —— 人們經常會忘記這件事，那就是思考者自己。他沒有考慮到正是他本人施加了讓油和水旋轉的外部力量。倘若在這個場景中他沒有出現的話，那麼杯子裡水面上的油不管怎麼樣都不會變成數不清的小油珠。倘若能夠考慮到這一點，並且放在整個宇宙系統運行的邏輯裡面，那麼他就可能從一開始就採取一種完全符合規律的思考方式。特別是在科學世界裡，還存在著很多同樣的錯誤。但實際上這些事情遠遠比一個人自己所認為的更加重要。

現在讓我們來討論什麼是真正的思考，我們一定要認清一點，只有當這種思考真正存在於外部世界的時候，它才有可能被從中抽取出來。只有先在水杯裡倒進水，才有可能從水杯裡得到水；思考也是如此，只有在一件事物中真正隱藏著值

得思考的東西時，它才有可能被人們提取出來。世界是在思考的基礎上創造出來的，這也是為什麼人們能夠從世間萬物中提取出可以思考的東西來的原因。否則，真正的思考也不可能存在了。如果一個人能夠感覺到這番話的真正含義，那麼他就可以非常輕鬆的減掉抽象思考的過程。如果他非常明確的相信，自己周圍的所有事物都隱藏著值得思考的東西，以及生活中的每個方面都遵循著一種規律，可以讓人順其自然的進行思考 —— 如果他能夠真正領悟到其中的含義，他就可以非常輕鬆的將自己的思考建立在真相和現實的基礎上，將務實作為一種習慣了的思考模式。

現在讓我們來討論一下，我們可以從哪些重要的方面去展開思考的實踐。如果一個人相信真正的思考原本就隱藏在世界中，那麼他就可以理解為什麼發展正確的思考模式是如此重要了。

（1）把觀察建立在客觀的基礎上

讓我們設想一下，如果有人下定決心要對自己的思考方式進行拓展和豐富，以便在生活中進行實踐，讓任何事都能夠沿著正確的道路發展下去，那麼他就必須要遵守以下幾個方面的規則，而且他必須要知道，只有這些原則才是真正實用、可行的，而且是最基礎的。如果他遵循這些規則，不斷的去嘗試著鍛鍊自己的思考能力，那麼就能夠收到很好的成效。他的思考最終也都會變得務實，即使剛一開始看上去並非如此。對於一個勇於嘗試這些規則的人而言，其他任何與思考有關的體驗都

將發生明顯的變化。

　　假設有個人正在嘗試這方面的練習，他今天從觀察開始，並盡可能的進行精確的觀察，他可以選擇任何一種可以觀察的事物，例如天氣。他可以觀察傍晚時分雲朵的外形，或者太陽下山時周圍的環境等等，並且將自己所觀察到的影像精確的保留在他的記憶裡。他會嘗試耗費一些時間去記住眼前看到的影像的所有細節，並盡可能的留住這些記憶，直到次日。在次日的某個時間，他又一次觀察天氣情況並保留了這次觀察得到的所有細節，然後又獲得了一個較為精確的影像。

　　如果他可以根據觀察順序對天氣情況的影像進行排列，那麼毋庸置疑，他可以透過這種方式讓自己的思考變得更為集中、更加豐富。正是由於在觀察的過程中忽略了很多細節，才導致人們的思考變得不切實際，也導致了他們對各種事物的印象總是模糊的、混沌不清的。真正有意義，真正重要並且可以讓思考變得更加豐富的，其實正是一種可以形成精確影像並且按照順序對事物進行排列的能力，因此一個人可以這麼說：「昨天，它是那個樣子；而今天，它是這個樣子。」也正因為如此，一個人可以讓外部存在的兩種不同的場景盡量變得形象化，然後合併為一個內在的影像，並將其變成一種可以隨時調用的影像記憶。

　　換言之，這個人在進行現實思考的時候，他的態度是非常明確且堅定的。進行這種練習的人，不但可以根據今天的觀察立刻得出第二天天氣怎麼樣的結果，甚至連絲毫的推斷都不用去做。因為這反而會對他的思考造成破壞。相反的，他一定會

對這種感受相當自信，那就是外界的現實事物之間確實存在著某種確鑿無疑的的關聯，第二天將要發生的事情與今天已經發生的事情是緊密連結在一起的。不過他不可能因此去進行簡單的推測。他首先要在內心此前已經確定的表象中，盡可能的對外界事物的發生順序進行精確的思考，然後按照順序再把影像一個個排列起來，並且實現這些影像的相互交融。這是所有想要發展真正思考能力的人都需要遵守的一個規則，而這個規則也特別適合用來觀察與思考那些尚未被理解或者尚未被深入探索的事物。

所以，進行這種練習的人一定要具有這種自信，即使暫時還沒有理解外部世界中萬事萬物的關聯 —— 就像天氣，但是，這種關聯可以在他的思考中被發現。他會對自己說，「雖然我暫時還不明白這種關聯是什麼樣的，但是我會讓這些事物進入我的思考範圍，它們會為我的內心提供一些可以思考的東西。」

(2) 可以被理解的行為

對於暫時還無法被理解的事物而言，在思考的時候應該遵循一個過程。但是對於已經被理解的事物來說，就像日常生活中發生的事情，我們就應該採取另一種全新的方法。

我們可以先設定一個人，這個人也許是我們的朋友，他已經做出了這種或那種事情。我們可以對這種情況展開思考，並且問自己一個問題：他為什麼要這麼做？我們可以得出這樣一個結論，他很有可能是在為第二天要做的某件事情預先做好準

備。這時，我們不需要展開下一步的行動，就已經可以非常清楚地把他的各種行為變成一幅幅影像，並且將他有可能去做的事也變成了一幅幅影像，然後想像他次日將會怎樣去一步一步的完成這些事情。然後我們就等著看他第二天真正會去做哪些事情就好了 —— 因為他並不一定會按著我們所設想的去做。然後，我們將他第二天真正做過的事情全都記下來，並據此來對自己此前的思考進行修正。所以，在思考的時候，可選擇當前的一些事件，將其帶進思考之中，使其形成一種未來的走向，然後我們就等著看接下來會有哪些事情發生就可以了。

這種練習主要針對有人參加的活動或是其他一些事情。不管什麼時候，只要我們覺得自己已經明白了一件事，便可以嘗試著去思考 —— 假如按照我們的設想去做，這件事情會怎樣進行下去。如果這件事情後來的發展證明了我們的設想是正確的，那麼也就證明了我們的思考是正確的 —— 大功告成！倘若事情沒有按照我們所設想的那樣去發展，那麼我們就對自己原來的思考重新回顧，並試著去發現其中的錯誤。透過對錯誤的仔細觀察與冷靜審視，我們可以修正自己思考中出現的錯誤。如果事情已經發生，我們可以試著去找出其中的原因。如果事實證明我們是正確的，也要牢牢記住，不要過於誇大自己預測的結果，更不應該說：「看啊，昨天我就已經知道會是這樣了！」

這仍然是一條建立在確實的基礎上的規則：世間萬物都存在著內在的必然關聯。這種必然關聯會潛藏在這些事物的深處，令其不斷運行下去。對人類而言，能夠促使自己一天接一

天不斷工作的就是思考力，在我們針對某種事物進行思考的時候，就可以逐漸形成思考力。透過不斷展開思考的練習，我們的意識中就會形成一種思考力，一旦我們所預測的結果在真實中發生了，那麼也就可以說，我們自身與思考力處於同一個頻率了。我們會在內心建立起一種與自己正在思考的事情的真正的連結。因此，我們必須訓練自己不要去武斷的思考，一定要遵循世間萬物本身所具有的內在的必然關聯，找到其內在的本質，然後再去思考。

（3）回到最初的源頭

不過我們在進行思考的訓練時，也可以向著另外一個方向發展。因為昨天所發生的事情與今天有著很大的關係。比如我們可以用一個淘氣的小孩來舉例，讓他問問自己，是什麼導致了他今天的行為。那麼今天發生所有的事情完全可以追溯到昨天甚至前天，也許我們可以為自己假設出一個未知的原因：「從今天所發生的事情來看，我必須這樣認為，它是由昨天甚至前天發生的事情所導致的。」

之後，我們會關心並確認此前到底發生了什麼樣的事情，接下來我們就會驗證當時的想法到底是不是正確的。如果找到了真正的原因，那當然是很好的。但如果我們的想法是錯誤的，那我們就應當試著去糾正錯誤，回顧我們的思考過程是什麼樣的，而在現實中這個思考過程是從什麼時候開始出現偏差的。

對一些需要遵循的基本原則進行練習，也是十分重要的內

容。一定要花費必要的精力去對事物進行細膩的觀察，就如同我們帶著自己的思考進入了事物的內部一樣。我們一定要讓自己真正沉浸在事物內部之中，沉浸在它們的內部的思維活動之中。如果能夠做到這一點，我們就能夠逐漸的認識到這樣一個事實，那就是我們和事物正在一起成長。我們不會再覺得事物與我們是相互分離的，我們也不是對事物進行表層思考。相反的，我們進入了一個很深的層面，就如同我們的思考活動是在事物內部進行的一樣。當一個人成功到達這樣一個很高的水準後，很多事情對他而言都會變得異常清晰。

我認為歌德（Johann Wolfgang von Goethe）就是一個這樣的人。他之所以能夠成為一位思想家，是因為它永遠都能夠讓自己的思想進入事物的本身。一位心理學家在西元 1826 年出版了一本名為《人類學》的著作，其中用「客觀」來評價歌德的思想特點。對於這個特點的總結，就歌德本人也十分贊同。其真正的含義是，思考沒有與事物相分離，而是真正融入了事物內部，兩者建立起了內在的關聯。這也讓歌德的思考建立在了即時感知的基礎上 —— 他的感知即是思考。他的思考方法已經進入一種爐火純青的化境，這方面的事例絕對不只一個：例如有一次歌德想要出門去做一件事，然後他走到窗邊看了看，便對旁邊的人說道：「三個小時之內，肯定會下雨。」結果真的就下雨了。只要站到窗邊瞥一眼天空，便可以預測隨後幾個小時之內的天氣狀況。歌德所擁有的正是一種真正的思考，它可以與客體緊密的連結在一起，這樣就讓他擁有了未卜先知的能力。

與我們所擁有的常識相比，實際上還有很多的事情可以運用這種切實的思考方法。如果一個人能夠遵循基本規則去思考，他就能夠發現，自己的思維方式正逐漸變得切實有效，他的視野也逐漸變得更為開闊，他可以採用一種與其他人都不一樣的方法去感知世間萬物。慢慢的，他對人、對事的態度就會完全發生改變。在他的身上，會實實在在的發生一個過程，從而使他的整個行為模式改變。能夠用這樣的方式，試著讓自己的思考與事物的本質共同成長，是非常重要的。

(4) 在合適的時機產生合適的想法

還有另外一個可以用來鍛鍊思考能力的方法，這種方法特別適用於那些無法在恰當的時機產生正確想法的人。

這類人需要試著練習以上所有的方法，以避免自己的思考總是受到外界最普通的事情及其衍生物的影響和控制。通常來說，一個人躺下來休息半個小時，他的思緒就可以自由的馳騁，或者從另外一個方面來說，他的思緒會受到生活中一些麻煩事的影響。在他尚未意識到這些麻煩事已經對他產生影響的時候，這些事情的不良影響就已經悄悄的進入了他的意識，吸引了他全部的注意力。如果任由這樣的習慣發展下去，這個人就永遠無法在合適的時間產生合適的想法。

倘若他確實想要改變自己，他就一定要告訴自己，不管在什麼時候，哪怕只有半個小時的閒暇時間，「我都要去思考一些由我本人選擇的事情，我會用我自由的意志，隨機的選擇一件事，然後將它帶進我的意識之中。例如，我想回憶兩年前在

一次散步時曾經發生哪些事。我會十分詳細的回憶當時候所發生的每一件事，而且我只會花五分鐘去回想這類事件。在這五分鐘之內，我會將與要想之事無關的一切事情從大腦中清空，然後按照自己的意願去回憶與之相關的內容。」

在進行這種練習的時候，並不需要選擇非常複雜的事情。任何一項活動，其重點並非是透過極為困難和複雜的練習去改變一個人大腦運作的過程，而是讓這個人的思緒可以從日常生活的瑣事中解脫出來。他必須要從日常生活瑣事的牽絆中剝離出來，才可以進行真正的思考。如果他想不出什麼事情可以用來展開思考訓練，也可以隨便選擇一本書，然後去思考書中任何一件讓他一眼看去就非常感興趣的話題。或是選擇清晨上班路上一個特定時間區段內他所見到的隨便什麼事情，當然也可以是他平日從來都未曾注意過的事情。這種練習的最主要目的就是選擇一件與日常生活瑣事完全不同的事情，一些個人從來未曾留意或想到的事情。

如果可以系統性的多做幾次這樣的練習，那麼用不了多長時間，你就會發現，自己能夠在恰當的時間會冒出恰當的、合適的想法，在你有需要的時候，能夠進行正確的思考。透過這樣的練習，正確的思考能夠被啟動，而且變得非常靈活 —— 這是日常生活中一件十分重要的事情。

（5）如何提高記憶力

我們再來說說怎樣透過訓練來提高自己的記憶力。

　　首先，嘗試用普通人平時都會採用的非常粗簡的方法去回憶以前發生過的事情，並期待自己可以記起來，例如，昨天發生的事情。通常來說，有些資訊即使第二天再回想的時候也是特別模糊和蒼白的，大多數人都覺得能夠在第二天記起前一天剛剛認識的一個陌生人的名字就已經很不錯了。但是假如你十分想提高自己的記憶力，就不能滿足於此。我們一定要明白這一點。因此，我們必須系統性的展開以下練習，比如可以這麼對自己說：「我能夠精確的回想起昨天我遇到那個人時的情景，包括我是在哪個街口遇到那個人的，以及當時在附近都發生過哪些事。我能夠盡可能的把當時的情景精確的描繪出來，甚至包括當時他身上穿著的衣服的顏色，外套以及馬甲的樣式等。」對於這種練習，絕大多數人在嘗試之後，會發現自己根本就不具備這種能力，也無法做到這一點，他們甚至發現，就算是昨天剛剛發生的事情，想要回憶起一些清楚的、形象的影像，自己都極度缺乏這種能力。

　　這對大部分人來說都是真切的感受，所以我們只能按照現有的條件來做，那就是很多人都沒有辦法想起來最近發生過的事情。千真萬確，大部分人對於所發生的事情及對這些事的觀察都是含糊不清、極不精確的。有位大學教授曾經在這方面進行了一次測試，測試的結果顯示，在 30 個學生之中，只有兩個學生對一件事進行了準確的觀察，其餘 28 名學生對這件事的觀察結果都是錯誤的。因此，準確的觀察可以說是良好的記憶力之母。如果想獲得可靠的記憶力 —— 我再說一次 —— 需要透過準確的觀察來獲得。或者也可以這麼說，準確的觀察能

夠幫助你塑造自己的心理。

　　但是，假如有人從一開始就無法精準的回憶起自己前一天的經歷，那他要怎麼辦才好呢？首先，他需要盡量嘗試去回憶，前一天到底發生了什麼事情。如果回憶沒能產生效果，那他應該在記憶的畫面中增添一些無關緊要的細節 —— 這個細節可以是錯誤的。關鍵是要形成一幅完整的畫面。比如自己記不清前一天遇見的那個人穿的大衣到底是黑色還是棕色，那麼他就可以在回憶的畫面中認定那人穿著一件棕色的外套和一條棕色的褲子，他甚至可以進一步為兩人的相遇設定一個場景，如背景是一面黃色的牆，從左邊走過來一個身材高大的人，從右邊走過來一個身材矮小的人等等。

　　他可以將自己所有能夠記起來的事情全都放進這種畫面中，然後將所有記不清楚的事情用想像出來的細節來代替，以此來組建一個完整的表象。一開始，其中可能有很多不正確的東西，但是隨著這個畫面被創建得越來越完整，他會慢慢被引導使用一種更為精確的方法去觀察。類似的練習一定要堅持進行下去，因為即使是進行了 50 次這樣的練習，也可能導致了 50 次的錯誤，但有可能到了第 51 次時，他就可以準確的記起自己遇到的那個人到底長什麼樣子，穿什麼衣服，就連他馬甲上的鈕扣是什麼樣的都能夠記住。這樣，就不會再忽略什麼了，每個細節都可以深深的刻在他的記憶裡。所以，一開始他是透過類似的練習來讓自己的觀察力變得更加敏銳的，等到他的觀察的準確度提高以後，便可以獲得額外的收穫 —— 他的記憶力也因此相應的提高了。他需要注意的是，不但要記住名

字等主要特徵，並使它們成為記憶的一部分，也要讓包括所有細節在內的畫面成為自己的記憶。假如他無法記起一些細節，他就必須去試著花一些時間來填充這個畫面，並讓影像變得更加完整。這樣他就能夠注意到自己的記憶，換句話說，他的記憶正在變得越來越可靠。所以，我們能夠發現，我們在努力使思考變得實用的時候，是完全可以確定一個非常精準的方向的。

（6）要有足夠的耐心

當然，其他一些方面的因素也是十分重要的。一旦對某些事情進行思考的時候，我們便覺得必須要得出一個結論才行。我們會不停的去想這件事或者那件事應當怎樣去完成，然後透過某種方式做出一個決定。儘管這種傾向讓我們感覺是很正常的，但它並不能幫助我們實現實用性思考這一目的。如果思考不周全，就不能讓我們搶占先機，反而會產生正好相反的結果。在這些事情上，保持足夠的耐心是特別重要的。

舉個例子來說，如果我們做出了一個計畫，那麼通常來說，有很多種方法能夠讓我們完成這個計畫。那麼，我們首先要保持足夠的耐心，先做這樣一種設想：假如我們用某種辦法去實現該計畫，那麼事情會如何發展並解決，然後再想一下，如果我們再用另外一種辦法去完成這個計畫，又會產生什麼樣的結果呢？當然，偏向於使用某種方法總是有原因的，但是我們應當竭力避免草率的做出一個決定。相反的，我們應該多做嘗試，至少想像出兩種可能性。我們一定要告訴自己：「從目

前來看，那是可行的。我需要暫時停止對這件事進行思考。」毋庸置疑，當處於這一階段的時候，有人會覺得煩躁不安。但是，就算這種情況特別難以克服，也依然需要這麼做，因為特別有用。然後，我們知道自己想做的事情有兩種不同的解決方案，我們也可以獲得短暫的無須進行思考的時間，從而讓自己獲得休息。

如果條件允許，應當盡量延緩你的行動，等到第二天，你可以對事情發展的兩種可能性進行重新考慮。同時你還能感覺到，就在我們暫時停止思考的這段時間內，事情的狀況再次發生了變化，而且你能夠在第二天重新確定一個完全不同的，或者至少比前一天你所做的決定更加堅決和徹底的決定。每件事情都隱藏著一種內在的必然性，我們不要操之過急，不要輕率和武斷的去行動，應該允許這件事情內在的必然性繼續存在於我們的思考中，等到第二天，我們就會發現，它讓我們的思考方式變得更加豐富了，所以這也有可能幫我們做出一個更加明智的決定。這是非常有意義的一件事。

還有一種可能的情況 —— 例如，我們被要求針對某一個問題提出自己的建議並且做出一個決定。這種情況下，請不要立刻衝到前面說出我們的建議和決定。我們需要保持耐心，把所有不一樣的可能性都擺出來，而且不要急著做出任何一種絕對性的結論，我們應當讓所有的可能性在我們的大腦中安靜的存在和運行。就連一句諺語也是這麼說的：在做出決定前，可先把此事帶進睡眠中。

但僅僅時帶進睡眠中，還是遠遠不夠的。當這些事情在我

們清醒的時候尚未完全占領我們的思緒時，多考慮考慮兩種
—— 最好是多種可能性，是非常有必要的，而且這些可能性
會在我們進行思考的時候持續進行下去。然後，等我們再回到
這件事的本身時，你就能夠發現，一些與思考有關的力量已經
借助這種方式與我們融合到了一處，所以，我們的思考也因此
變得更加真實和有效。

　　一個人想要尋找的東西，在這個世界上必然可以被找到，
這是可以確信的一件事。無論他是一個在工作臺旁工作的木
匠，還是在田地裡種莊稼的農民，又或者是各行各業的從業人
員。倘若他可以透過這些練習進行實踐，那麼即使是在日常生
活中，哪怕面對最普通、最常見的事情，他都可以成為一位務
實的思考家。如果他按照這種方法來訓練自己，那麼他觀察這
個世界的角度與之前相比將會變得截然不同。雖然最初這些訓
練看起來只是他用來提升自己內在的思考能力的，但是其實它
們對外部世界同樣有用，而且作用也非常明顯。它們能夠產生
一種非常強大的後續力量。

(7) 因果關聯

　　為了讓人相信透過真正務實的態度去思考一件事的必要性
和重要性，我們有必要透過一個例子來說明。讓我們先在腦海
中想像出這樣一個情景：有個人，不知道出於什麼目的，非要
爬到一棵樹上去，然後他又從樹上摔下來，結果掉到地上摔死
了。那麼，我們大腦中冒出來第一個想法就是，因為摔得很重
所以人死了。這就會讓我們產生一種傾向性的認識 —— 從樹

上摔下來是原因，而最終的死亡是結果。在這件事情中，因果關係具有很強的邏輯性的關聯。但是這種假設很可能將事情發生的真正順序混淆了，因為還有一種可能 —— 這個人由於突發心臟病才從樹上摔了下來的。對於一個觀察者而言，這兩種原因都會讓他們觀察到相同的結果。但只有了解了真正的原因之後，才能得出一個正確的結論。在這個例子中，這個人很可能在從樹上摔下來之前就死了，而從樹上摔下來其實與他的死亡並沒有任何的關係。所以，原因與結果被混淆也是有很大的可能性的。在這樣的情況下，錯誤也就十分明顯了，但是它們通常並沒有那麼容易被辨認和識別。相同的錯誤在我們的思考中出現的頻率也是十分令人震驚的。的確，我們必須要承認一件事，那就是科學界在得出結論的時候也是允許這種因果混淆的情況出現的，而且這種情況是十分常見的，不過大多數人都不能領悟這一事實。

(8) 演化

同樣，我們可以再透過另外一個例子來更加明白的展現這種錯誤是怎樣在思考過程中形成的，以及一個進行過這種思考訓練的人是怎樣不會再犯這種錯誤的。假設現在有個人說世界上的人類都是猿類進化成的。這就說明，他所理解的猿類與其他動物相比更加活躍，因此進化到了更高的層次，所以人類便是猿類進化的結果。那麼，就讓我們透過思考的方式，探討一下這一理論的內涵，我們可以想像一下，如果這個人是地球上唯一的一個人，除了他之外，就只有那些猿類，那麼按照他

的理論 —— 這些猿類能夠進化成人類。現在，他開始對這些猿類進行研究，透過最精準的觀察，分析最微小的細節，然後總結出了一個他所認為的生命的概念。但除了他本人外，他就沒有再見到過其他任何人，這就讓他明白，他需要在「猿類」這一概念之外，再單獨發展出一個新的概念 ——「人」。但他會發現這是一件根本不可能的事情。因為他永遠不可能透過「猿」的概念去轉化出一個「人」的概念。

假如這個人已經養成了正確的思考習慣，那麼他可能會這樣對自己說：「我不會透過猿類的概念轉化出一個人的概念。我從猿類身上所觀察到的東西，永遠都不會成為人類的東西。否則的話，就連『我』這個概念也要相應的做出改變了。其中肯定存在著一些其他的東西，但我卻無法感知到。」這樣的話，他就能夠想像出來，在猿類的身上，存在著一種肉眼無法看到的，超越了感知的存在，這種存在讓他無法確切感知，但正是這種存在本身使猿進化成人變得具有了可能性。

在這裡，我們不對不可能發生的情況進行深入討論，但是可以大概指出在這一理論的背後存在著哪些與思考有關的錯誤。倘若這個人此前的思考是正確的，那麼他便能夠發現，只有在證明了超越感知的存在以後，這個理論才有可能成立。如果進一步展開調查和研究，你就能夠發現，很多人都在思考的時候犯下同樣的錯誤。但是類似這樣的錯誤，絕對不會出現在已經進行了本篇所討論的思考訓練的人身上。

對於每一個有能力進行正確思考的人而言，有很大一部分現代文獻（特別是與自然科學有關的）都為他們帶來了不愉快

的體驗。這些文獻不僅內容失真，而且會在思考方法方面對閱讀它的人形成誤導，甚至會讓人在生理上產生疼痛。但是，請注意，我們這裡並沒有任何想要輕視現代自然科學的意思，它們為人類進行觀察和發現累積了大量的財富，並且形成了客觀的研究方法。

現在，讓我們看看思考中存在的「短視」問題。很多人都沒有意識到，自己的思考其實都不是真實的 —— 在很大程度上都是由於思考習慣所導致的。能夠將自己的思考滲透到整個世界和生活中的人，他所做出的決定、得出的結論，與那些思考能力有限（甚至是零）的人是完全不同的。我們再用堅持唯物主義思想的人舉個例子，想要用確實的推理或嚴密的邏輯來說服他們，絕對沒有那麼簡單。通常想透過邏輯推理來說服一個幾乎沒有任何生活常識的人，最終結果都只能是徒勞。假如這個人已經形成並始終堅持這樣一種思考習慣 —— 只針對自己所看到的事物進行片面的思考，那麼他就無法找到一個讓這些事物或一個論斷真實有效並切實可行的理由。

現在，我們可以從整體上做出這樣一個概括，人們並不是受了上述理由的啟發而得出了結論，這個結論基本上都是在他們的思考習慣的驅動下得出來的。他們所堅持的思考習慣對他們的情感和認知造成了影響，當需要對一件事情的原理進行思考和總結時，他就會受到思考習慣的影響，並影響了自己的情感和認知。這不僅僅是說，意願是思考之父，也可以說人類所有的情感與認知習慣，都是誕生思考的父親和母親。真正了解生活的人都懂得想要透過邏輯和推理的方法去說服另外一個人

有多麼的困難。真正能夠讓人做出最後決定或是被真正說服的東西，通常都埋藏在人類的內心和靈魂深處。

我們一定要清楚一件事，思考所擁有的色彩來自一個比我們想像中還要深遠的地方；而我們的情感，則不斷逼迫我們產生了各種不同觀點。而邏輯的推理則在更多時候變成了一個面具或屏障，將我們內心深處的真實感受與思考習慣阻隔開來。

要讓自己進入一個僅僅依靠邏輯推理本身就足以讓我們感知重要意義的境界，我們就一定要學會愛上邏輯本身。等到我們真正愛上了那些真實客觀的東西以後，邏輯推理才會讓我們變得堅定。我們應當慢慢學會進行客觀的思考，不要讓自己的偏愛來左右思考的方向。也只有這樣才能讓我們的視野變得更加開闊，我們不能因為受了別人的影響而變得頭腦衝動，而應該聽從現實的引導，然後展開正確的思考。

真正的務實和實用都來源於客觀的思考，換言之，思考從事物的本身進入了我們的內在。我們只有不斷的進行上面所說的訓練，才能夠從事物本身去獲得我們的思考。在訓練的時候，我們應當選擇一些合理而且完整的主題 —— 最好都是來自大自然的事物。

使用來自大自然的事物作為思考的客體，能夠讓我們成為真正務實的思考者。因為我們一旦在堅持這一基本原則的基礎上為了實用的目的進行訓練，我們的思考就能夠讓我們透過一種實用的方法應對日常生活中的每一件事。用這種方法進行訓練，我們在思考的時候就一直會堅持從實用的角度出發。

童話的解釋

1908 年 12 月 26 日，柏林

今天這個講座主要是想對與童話和傳說有關的一些原則、規律進行解釋和闡述。如果將範圍劃得更廣泛一些，這些原則、規律也可以應用於神話世界，對此我也能夠予以簡單的說明。當然，假如想說明白我們為什麼直到今天還要用童話來滋養兒童，並且等到孩子再長大一些的時候，還要讓他們明白應該如何理解這些童話，這在今天的一個小時內是無法做到的。現在我想說的是，如果我們想要對這些童話進行解讀，那麼應當具備哪些素養，有哪些是我們必須要了解的。

與童話、傳說或者神話有關的事情，最先要了解的是，我們心裡想的東西肯定比我們可以說出來的東西多很多；其次，我們更願意運用人類的智慧去解釋童話，並讓這些智慧融入童話中。這並非每個人都可以馬上就做到的。但即使我們從一開始就無法完全了解童話的祕密，我們也應當試著去慢慢了解它的真正含義。我會透過一些例子來讓大家盡量清楚的知道童話到底講的是什麼。

我們可以透過下面這個故事開始我們的討論：

在很久很久以前，有一個學裁縫的年輕人。他的口袋裡只裝著一個銅板，但他卻想用這一個銅板去四處遊歷。走了沒多長時間，小裁縫便感到飢餓難耐，但他那一個銅板只能買一碗湯。當那碗湯剛剛擺到他的面前時，便有一群蒼蠅飛進了

湯裡，他把湯喝完，碗底卻爬滿了蒼蠅。於是他開始拍那些蒼蠅，一隻，兩隻，他一邊拍蒼蠅，一邊數自己到底拍死了多少隻蒼蠅，最後他數到了一百隻。於是他向店家討來一塊石板，在上面刻了這樣幾個字：「他一下就打死了一百個！」然後，他便將這塊石板背到自己的背上，繼續趕路。當小裁縫從一個國王的宮殿前面經過時，國王恰好從宮殿裡面往外看，國王看見了一個背上背著石板的人，便想知道那塊石板上寫著什麼字，於是便派了僕人走過去看一看。僕人便將小裁縫在石板上寫的「他一下就打死了一百個」向國王做了報告。國王心想：「這個人或許能幫我做一些事情！」於是他就派人將小裁縫帶到了王宮裡。「你可以幫我做些事情，」國王對這個小裁縫說道。「你想為我效勞嗎？」「我願意，」小裁縫說，「假如您能夠付給我足夠多的報酬，我很樂意為您效勞，至於我的報酬是什麼，我想以後再對您說。」「那好，」國王說，「如果你能夠讓你的承諾變成現實的，我一定會向你支付豐厚的酬勞。現在，你想吃什麼就有什麼，想喝什麼也有什麼。等你吃飽喝足之後，你需要幫我做一件事，這件事需要耗費你的力氣。每年到了固定的日子，都會有很多熊進入本國境內，造成很大的破壞。但是熊真的太強壯了，沒有人能夠將牠們殺死。倘若你就像你背著的那塊石板上面所說的那麼厲害，那麼你肯定可以把牠們殺死。」這個小裁縫心想：「倘若我無法殺死那些熊，便會被牠們殺死或者吃掉，但至少目前我能吃得好喝得好。」於是這個小裁縫就對國王說：「我當然可以辦成這件事，不過在熊到來之前，我想吃什麼、喝什麼就要替我準備什麼，而且要替我準

備得很充足。」就這樣，小裁縫過了一段豐衣足食的生活。到了熊應該來的那天，小裁縫將廚房布置了一下，在屋子中間擺了一張小桌，然後敞開門；又在桌子上擺放了很多熊喜歡吃的東西，還有蜂蜜等熊喜歡喝的東西；然後他便藏了起來。等到熊進來以後，便開始風捲殘雲一般吃喝起來，直到肚皮都要撐破了，牠們只好躺在地上休息。這時小裁縫從藏身的地方出來，用刀砍掉了每一隻熊的頭，就這樣，他把所有的熊都殺死了。國王看見被砍掉的熊頭，就問小裁縫：「你到底是怎麼辦到的？」小裁縫說道：「我先把熊殺死，然後再用刀將牠們的頭砍了下來。」國王只得相信小裁縫所說的，於是又對他說道：「既然如此，那麼你一定能夠幫助我做一件更大的事情。每一年都會有很多的巨人到我的國家來。沒有人可以殺死或是趕走他們；或許你能夠做到。」這個小裁縫說：「沒問題，我肯定可以做到，但你要把你的女兒 —— 這個國家的公主嫁給我，做我的妻子。」國王認為把巨人們從自己的國家趕出去，這件事更加重要，於是就答應了小裁縫的要求，就這樣，小裁縫又過了一段衣食無憂的時光。

巨人們快要來了，小裁縫帶著充足的東西 —— 這些東西都是巨人們喜歡吃、喜歡喝的 —— 前去迎接。半路上，他又把一塊乳酪和一隻百靈鳥放進了自己的行李中，當他帶著這些東西找到那些巨人的時候，巨人們對他說：「我們到這個國家來的目的，是為了與最強壯的人進行較量，但是沒有人可以贏我們！」這個小裁縫就說：「讓我來跟你比一比！」「那你會輸得非常慘！」其中一個巨人說道。小裁縫說：「先讓我見識一下

你的力氣有多大？」這個巨人便拿起一塊石頭，將它放在手指縫，用力一夾，石頭就變成了粉末。然後他又拿起一張弓，一枝箭，將箭筆直的射向天空，過了很久之後，箭才從天空落回了地上。「倘若你想要跟我比試的話，那麼你要做得比我還要好才行。」巨人對小裁縫說道。小裁縫從地上撿起了一塊小石頭，趁巨人不注意，偷偷的將一點乳酪塗到了石頭上，然後他用手握石頭時，乳酪中的奶便被擠了出來。於是小裁縫對巨人說道：「我可以將石頭裡的水全都擠出來，而你卻無法做到！」這令巨人們感到非常吃驚，然後小裁縫又抓起一張弓，抽出一枝箭，但他在把箭射出去的瞬間，趁著巨人們不注意，將百靈鳥也一起放了出去，百靈鳥飛到了空中，便再也沒有飛回來。小裁縫對巨人們說道：「看看，你們射出去的箭還可以再落回來，但我射出去的箭簡直太高了，再也不會回來了！」巨人們認為小裁縫比他們更加強壯，都感到吃驚。於是巨人們對小裁縫說道：「你想要做我們的盟友嗎？」小裁縫同意了。雖然小裁縫的身材矮小，但他的確是個很好的幫手，就這樣，小裁縫加入了巨人的陣營。在跟巨人們一起待了一段時間之後，巨人們便開始覺得與這樣一個比自己還強壯的小裁縫待在一起是一件非常煩惱和尷尬的事情。有一天小裁縫睡覺的時候突然醒了，但卻偷聽到了巨人們商量著想要殺死他的計畫。於是小裁縫便做好了準備。他把自己帶來的食物做成了一頓美味的飯菜。饞壞了的巨人們開始大吃大喝起來，直到肚皮都要撐破了才停下。但是他們仍然決心殺死小裁縫。於是小裁縫便在豬膀胱裡裝滿了血，並將豬膀胱綁到了自己的頭上，然後便躺到床上裝

睡。巨人們推選出他們其中的一個去殺小裁縫，這個巨人走到小裁縫跟前，拿著刀砍向了小裁縫的頭。豬膀胱裡的血噴了出來，巨人們十分高興，認為小裁縫已經被殺死了，於是便躺在地上睡覺。小裁縫等巨人們睡熟之後，就站起來，將正在睡覺的巨人們一個接一個的都殺死了。然後他便去見國王，對國王說了他是如何把巨人們殺掉的。

為了履行承諾 —— 國王決定把公主嫁給小裁縫。就這樣，小裁縫成了國王的女婿。不論是國王還是公主，他們都對小裁縫的力氣感到十分震驚，而且他們也不清楚小裁縫到底是一個什麼樣的人。如果那時他們沒有發現小裁縫的祕密，那麼他們直到今天也不會知道小裁縫到底是什麼人。

我想用這個童話來舉例。不過在我們開始正式分析以前，我還想再講另外一個故事，把它和前面講的這個故事放到一起。假如你是一個童話收集者，那麼你一定喜歡收集各個時代、各個民族的童話，倘若你所收集到的都是真正的童話，那麼你就能夠發現，在所有的童話裡都包含著一些最基本的元素。我一定要告訴你們的是，這個巨人是被一種狡詐的手段所殺死的。關於這一點，你們可以回想一下幾千年前的《奧德賽》，想想奧德修斯與獨眼巨人波利菲莫斯的故事。現在，就讓我們一起看看下面這個故事吧：

從前，有一個國王，他很受人民的愛戴和敬仰。這個國家的人民說他們這位國王將會娶到一位高貴、善良的女子為妻。但是，要想找到這樣一位適合國王並且受到人民擁護的王后也是很困難的。這位國王有一個非常好的朋友，那是一位甘於貧

困的護林人。這位朋友住在森林裡，過著一種儉樸但非常滿足的生活，他是一個極有智慧的人。雖然他可以很容易的變成一個富有的人——因為國王願意送給他任何他想要的東西，但是這位護林人仍然願意過著貧窮的生活，同時保持自己的智慧。每當遇到難題的時候，國王就會到護林人朋友這裡來向他徵求意見。這位朋友送給國王一大束迷迭香，說道：「好好照顧這些花，如果這花向著哪位少女彎了下去，那麼這個少女便是王后的最佳人選。」次日，馬上就有很多年輕的女子來到了國王的面前。國王將很多珍珠鋪在了這些女子的面前，然後國王對大家說，如果那束迷迭香向著誰彎了下去，那麼她就是自己的王后。而其他的女子也不會白跑一趟，她們每個人都能夠得到一顆珍珠。然後國王就用手捧著那束迷迭香，讓那些女子依次走到自己面前，但是那束迷迭香卻一動也不動，沒有在任何一個女子面前彎下去。這些女子在獲得國王賜予的珍珠之後便離開了。第二天、第三天也是同樣的安排，但結果也是一樣的。到了第四天晚上，國王已經睡覺了，卻聽到了窗戶上傳來了敲擊聲。國王睜眼一看，原來是一隻金色的鳥。這隻金鳥對國王說道：「你也許不記得了，但是你曾經兩次幫助過我；現在我要報答你。等一會天亮了，你便起床，拿起迷迭香，跟著我走，我會把你帶到一個地方，在那裡，你能夠找到一匹馬；在這匹馬的身上插著一支銀箭；你要幫這匹馬把箭拔出來，然後牠就能帶你找到屬於你的王后。」

　　次日一早，國王捧著迷迭香，隨著那金鳥一直走，果然找到了一匹馬，這馬看上去非常衰弱，像是得了很嚴重的病一

樣，馬兒說：「是一個巫婆將那枝箭射入了我的身體！」國王幫馬兒把箭拔了出來，一眨眼的工夫，這匹馬就變得非常強壯、非常敏捷。國王一下就跨到了馬背上，金鳥在馬的前面飛，那株迷迭香就在國王的面前隨風搖擺。最後，他們來到了一座用玻璃建成的城堡前面。在尚未到達城堡的時候，他們便聽到了一種「嗡嗡」的聲音。國王捧著迷迭香，跟隨金鳥一起走進了城堡，他看到了另外一位國王正在那裡站著，穿著一身用玻璃製成的衣服，就連他的身體也是玻璃做的。國王一看，原來有一隻非常大的綠頭蒼蠅在這位玻璃國王的肚子裡，那種「嗡嗡」的聲音正是那隻蒼蠅發出來的，因為牠拚了命的想從玻璃國王的肚子裡飛出來。國王向玻璃國王詢問這到底是怎麼一回事。玻璃國王對他說：「你看看沙發那邊，坐在那裡的是我的王后，她的身上穿著一件用絲綢做成的粉紅色的衣服，等一下你就能明白 —— 你看見王后身邊那個大網了嗎？那個網剛被一隻荊棘鳥給抓破了，荊棘鳥等下就會把網從她的身邊拖走。但馬上就會出現一隻邪惡的蜘蛛，牠會圍在王后身邊，重新織出另一張新網，將王后困在裡面。而我則中了魔法，只能被困在這個玻璃做的身體裡，而我的王后則被困在大蜘蛛網裡。我們兩個像這樣已經有好幾百年的時間了，必須有人來救我們，我們才能重獲自由。」玻璃國王的話剛說完，那隻邪惡的蜘蛛便出現了，牠繞著王后開始織網，可是正當這蜘蛛快要把網織成的時候，那匹神奇的馬便衝了上來，抬起前蹄腿想要把蜘蛛踩死。就在這時候，那隻一直嗡嗡叫的綠頭蒼蠅從玻璃國王的肚子裡出來了，並且飛過來幫蜘蛛的忙，但是那匹神奇的馬同

時將蜘蛛和蒼蠅踩死了。馬上，那位玻璃國王變成了正常人的模樣。那隻荊棘鳥則變成了一位美麗的少女，王后也被從蜘蛛網裡解救了出來，隨後玻璃國王便向他們講述了整件事情發生的經過：

從他剛一開始當上國王的時候，便遭受了一個邪惡的老巫婆的欺辱，這個老巫婆就住在他的王國附近的那片森林裡。老巫婆希望他能夠娶自己的女兒為妻，但是他已經從鄰近的仙女城堡中選擇了一位仙女當自己的王后，老巫婆因此懷恨在心，發誓要對他進行報復；她把國王變成了玻璃人，把自己的女兒變成了一隻大大的綠頭蒼蠅，然後讓蒼蠅鑽進國王的肚子裡。那位來自仙女城堡的王后也受到了無盡的折磨，老巫婆自己變成一隻邪惡的蜘蛛，不停的圍著王后織網，想要用網困住王后；玻璃國王和王后的女兒則被變成了荊棘鳥 —— 就是那隻不斷撕破蜘蛛網，想要解救母親的荊棘鳥，國王的馬也被老巫婆用銀箭射中，這枝箭一直留在馬的身體內，使牠衰弱多病。現在馬身體上的箭被拔了出來，馬兒重新獲得自由，一切也順理成章的得到了解決。

隨後，那位手捧著迷迭香的國王向玻璃國王詢問怎樣才能找到一位適合他的王后。玻璃國王把通往附近仙女城堡的路告訴了他。金鳥在前面探路，國王終於來到了仙女城堡，他們在路邊看到了一束百合花。那束迷迭香突然直接在百合花前彎了下去，隨後，這束百合花就變成了一位非常美麗的少女，原來這少女也被老巫婆施了魔法，因為那位住在玻璃城堡的王后就是她的姐姐。現在這位少女也獲得了解救。國王便帶著她回到

了自己的國家，他們舉辦了一場盛大的婚禮。從此這位國王和他的王后，還有這個國家的人民，過上了快樂、幸福的生活。他們一直活了很久，至於具體有多久，就沒有人知道了。

　　要想弄懂童話與神話的真正含義，我們首先需要做的，就是不能將它們當成完全由民間靠著想像力編出來的故事。真正的童話從來都不是透過這樣的方式誕生的。那些真正的童話幾乎全部都產生於久遠的、人類所無法了解的過去。在那段時間，人類尚未獲得知性的力量，但多多少少都擁有一雙「天眼」，這可以說是遠古時代所特有的。擁有「天眼」能力的人總是處於半睡半醒的狀態，在這種狀態下，他們能夠透過很多種的形式進入到精神世界之中。這種精神世界並非我們今天所說的夢境。因為今天這種夢境對大部分人而言（不過並非每個人）都是非常混亂的。在遠古時代，那些擁有「天眼」的人可以時常進入到精神世界之中，他們每個人的經歷都是相似的或是完全相同的。

　　那麼，在這種半睡半醒的狀態下，人類的意識到底會出現或者發生什麼呢？每個人都擁有一副物質的身體，擁有物質的器官，他們會用這些器官來感知周圍的一切，但在物質所能感知的一切之外，還存在著一個精神的世界。我們可以將半睡半醒視為意識的一種中間狀態，在這種中間狀態下，似乎隔著一層面紗──物質世界，如果將這層面紗揭開，那麼精神世界就會呈現在人類的意識中。在精神世界裡發生的一切，都能夠特定的條件下被那些擁有內在力量的人觀察到。其實物質世界也是如此。我們無法透過耳朵來看顏色，也無法透過眼睛來聽

聲音。因為外在與內在需要保持一致。當人的意識處於半睡半醒的中間狀態時，外部的身體感官會變得沉寂，但體內的靈魂卻變得活躍。就像人可以透過眼睛、耳朵與周圍的世界建立連結一樣，人的意識也可以在人處於半睡半醒的時候與周圍的世界建立連結。

我認為，靈魂是由三個部分組成的：感性、知性和意識。就像眼睛、耳朵與周圍的世界可以建立不同的連結，靈魂的三個組成部分也可以與周圍的世界建立不同的連結。當意識處於中間狀態的時候，我們可以察覺到自己靈魂的這一部分或者那一部分，它們處於什麼樣的環境之中。假如感性表現它正處於精神環境下，那麼我們就能發現與平時的自然界中各種力量關係密切的東西，比如風、天氣或是其他什麼自然現象。但是在這些自然現象中能夠表現出自身精神的東西也是能夠被自己的感性所察覺的。當感性變得非常活躍時，我們就像處於知性和意識尚未發展出來的階段，就如同我們並不懂得如何運用自己的知性和意識一樣。

在遠古時代，我們與所有的自然力量有著密切的關聯。那時地球上每個人都擁有物質上的身體，但靈魂卻只具有感性這一個方面。人類可以去做一些需要強大力量但較為低階的事情。比如，人類可以在暴風驟雨中將一棵大樹連根拔起，他們認為自己可以控制自然界裡的雲霧或是風雨。那時，人類尚未有從自然的力量中完全退出，甚至擁有巨人一樣的力量。當意識處於中間狀態的時候，我們能夠透過感性認識到巨人的真實形象，它代表著某種精神層面的東西 —— 擁有巨人那種力

量的人類。但是這巨人是愚蠢的，因為他們處於無法運用自己的知性的時代，這個時期的人類有著強大的力量，但也非常愚蠢。

那麼，在意識的中間狀態下，透過知性又可以看到什麼呢？它可以讓人類看到的事物是在某種智慧的基礎上發展起來的。事物之所以形成並產生是靠著力量，靠著人類體內所殘留的巨人性；但是透過人類自身已經覺醒了的知性，我們可以發現身邊那些將智慧帶給人類的精神層面的東西，它們充滿了智慧，並能夠引導世間萬物。我們在童話中看到的巨人形象通常都是男性，但知性形象則多是富有建設性的女性，她們把智慧帶入了世界的所有活動中。正是童話故事裡那些「極富智慧的女子」，她們在事物形成之後仍然繼續工作著。在這些形象中，我們一次又一次的目睹了已經具備了感性、知性，但是尚未發展出意識的人類。我們在看到這些事物以後，會發現自己與這種擁有智慧的人有著密切的關係，因此當我們處在意識的中間狀態時，我們便經常產生這樣一種感覺：「我所看見這些智慧的女性與我本身有一種非常真實的連結。」所以當女性出現在童話中的時候，便經常會同時出現姐妹的形象。

接下來，在這種意識狀態下，我們的靈魂又經歷了另外一件事，我們只有在內心的最深處才能體會和感受到這一點。那就是，在這種狀態下，我們會從自己日常所接觸的物質世界中退出來，然後我們便能夠對自己說，「是啊，白天，我所看到的一切事物，包括我在內心深處透過感性所看到的事物；現在，我的知性也可以清楚的感受到很多事物，其中也包括我透

過知性所看到的 —— 但我知道，我在白天所看到的和我現在
所看到是完全不同的。」當意識處於中間狀態的時候，我們在
回想白天的事情時，這些事物留給我們印象與我們在看到它們
時所產生的感覺已經不完全一樣了。這是因為知性會讓我們的
內心產生一種各種事物轉瞬即逝的感覺。當我們回憶白天見到
的各種事物的印象時，那些在現實中存在的微妙的事物似乎變
成了一種僵化的形象。在白天出現在我們眼前的事物就如同被
施加了魔法一樣，它們真正的性質往往被囚禁在自身之內。不
管在什麼地方，當我們看到一株植物的時候，我們就會這樣
想，「是啊，在白天，它不過是一棵植物；它和我的知性是相
互分離的，因此我在白天所看到的其實並不是真正的它。」例
如，當我們覺得自己白天看到的百合花其實只是它的形態，而
與我們的知性相關的則是百合花象徵的一種意義，這時，我們
就從知性的角度產生一種強烈的渴望 —— 渴望與百合花所象
徵的意義建立某種關聯；這是一種「婚姻」，一種白天的形象
與夜晚的形象之間的關聯。

意識是在人類進化到某一個階段時產生的，在那個階段，
人類已經與自然的力量分離了，無法再透過「天眼」窺視種種
神祕的力量。意識所能夠給予我們的，與我們之前所描述的那
種強大力量已經完全不同。精明或者說狡詐變成了它的本質，
它不再是一種力量，也不再讓人感到有任何粗糙的地方。透過
意識，我們可以看到人類在剛剛獲得物質上的身體時所擁有的
那種精神，這種精神非常微弱，以至於無法支撐人類去做很多
事。當我們看到某種形象與這種內在的品性相契合時，我們就

會產生一種人類從巨人變成小矮人的感覺。當我們半睡半醒，處在感官知覺被剝離的狀態時，我們便會發現很多類似的形象。當人類進化到更高的階段，認為自身已經與精神世界建立了連結的時候，那些外在的生活中遇到的事件便會以它的真面目呈現出來：所有的事件都是對人類自身與其精神世界之間關係的復刻。

如果一個人在現實生活中非常聰明，但又不會讓人覺得討厭或者無趣，那麼他就有能發現生活與精神兩者之間的關聯，特別是當他處在一種可以獲知某些與精神世界有關的事實的境地時。接下來，便可能發生以下情況：倘若他是一個喜歡思考的人，那麼他就能夠發現：一些聰明的人可以透過各式各樣聰明的方法來克服可能會對生活造成影響的困難。他會對自己說：「實際生活中所發生的事情，其實就是運用自己的智慧來克服各種困難，對此我們應當感謝隱藏在我們背後的力量，當我們與那種力量連結在一起的時候，它就會讓我們獲得意識，並感受到它的存在，然後用智慧去代替那些在人類處在巨人時代所擁有的力量。」

我們在內心所經歷的看起來就如同外部世界的倒影，儘管外部的事件已經發生過，但仍然可以在精神世界觀察得到。在精神世界裡，有些身體力量弱小的人可以展現出強大的精神力量。在童話裡，凡是出現巨人被打敗的情況，都是勝利者透過強大的精神力量實現的。人們都希望可以獲得強大的精神力量，雖然無法看到精神世界的存在，但他會對自己說：「當我的意識處於一種中間狀態的時候，我的視野就變得非常清晰，

然後我就能夠充滿智慧，然後我就可以透過知性來戰勝那種粗糙的力量！」

於是那些事情便發生了——人類得以窺見精神世界裡所發生的一切。然後他就將在精神世界裡所發生的一切都講了出來，但他只能透過這種方式來講述：「我在精神世界裡見到的都發生在很久很久以前，而且直到現在仍然在發生。在精神世界裡，一切都與現實不一樣。」也許他每一次在這種情況下所看到的事情，以及令這些事情得以發生的條件都已經過去了。但這些事情仍然能夠一直保留在那裡。這是由一個人能否進入那種意識狀態來決定的。因此，每一個童話故事都會透過下面這種方式開始：

「在很久很久以前，」這是童話故事一貫使用的開場白。而且每一個童話幾乎也都會以這種方式來結束：「我曾經看見了一切，如果在精神世界能夠一直存在，那麼這個故事就一直發生著；如果精神世界永遠不會死去，那麼它現在一定還活著。」這便是講述每一個童話故事時應當採取的方法。假如你總是透過這樣的方式開始和結束一個故事，你就能夠培養出自己講述童話的適當的敏感性。

如果某個人想要求得一位賢妻，就如上面所講的第二個故事裡的國王那樣，他就需要在這個世界上找到一個與在他的精神世界裡所能找到的原型盡量相同的女人。在精神世界裡，他能夠憑藉知性的、富有智慧的引導找到這樣一個原型，但在外部世界裡卻沒有辦法找到這樣一個與原型相符的人。所以我們要尋找那些符合自己內在需求的外部條件。在物質世界裡，我

們肯定會犯錯誤。所以當我們尋找這樣的目標時，就如國王所做的一樣，我們一定要讓那深刻的內在力量來對我們進行引導。就算是在今天，我們也依然可以透過讓自己的意識處於中間狀態來實現這一點，這樣的話，我們便可以建立與精神世界中能夠引導我們的力量之間的關聯。但是，一個人如果擁有這種力量，就會生活在一種受到世間大量繁瑣之事打擾的狀態。所以國王需要向他的朋友 —— 那個孤獨、貧窮的護林人尋求幫助，這個護林人了解那些能夠引導人們通向精神世界的力量的奧祕，所以他就把那束迷迭香交到了國王的手上。

　　國王是沒有辦法透過什麼外在的計謀來找到那個需要精神世界來決定的原型的。所以他先會在夢裡看到一隻金鳥飛到自己的身旁，然後他便處在了一種半睡半醒的狀態之中。在這種狀態下，經過了這種轉化，他的人便如同擁有了精神世界的感官一樣，於是他便經歷了我在上面描述的一切。慢慢的，他會發現，任何現實世界的力量都不能讓他擁有這種可能性。只有當他的知性或者他所有的內在力量都被引領進入精神世界以後，這些才能發生。而這種力量則是以一匹「神奇的馬」的形象來呈現的。在現實世界中，馬只不過是精神世界的一個縮影罷了。現實世界投射在靈魂裡的那些有害的力量，便是射進馬的體內的銀箭。箭被拔出來，意味著這種有害的力量被消除，馬也因此得到了解放，隨即，精神世界的力量便能夠讓國王明白一切。因此國王不再只是能夠看到外表，而是可以發現哪些對他而言是合適的。透過一般的知性，他可以遊歷全世界，四處尋找他想要找到的那個人。但他也有可能會錯過自己想要尋

找的妻子。他不知道需要具備哪些條件、需要經歷什麼苦難才能找到她。

　　或許他想找的人就在眼前，但那人卻因為外在的物質世界而扭曲變形了，事實上很多事物都會發生這樣的變形。我們在物質世界裡並不是真正擁有了力量。但是，那位因為受到詛咒而變形的玻璃國王最終還是恢復了他的真實形象，而恰恰是他，可以告訴那位國王應該到什麼地方尋找一位妻子。正是外部的物質世界裡那些對抗與相反的力量讓這玻璃國王扭曲變形。當人類完全沉浸在外部的物質世界時，這些力量便開始發揮作用。最初這位玻璃國王完全被外在的條件所控制，這讓他的內在也與原來的面目變得不一樣了。我們在自己的生活和工作中也經常會做出一些錯誤的行為，而這些行為就如同那隻邪惡的綠頭蒼蠅。在這些故事所描述的畫面背後就隱藏著真相。我們一定要讓自己活得可以去想像這些情景的能力 ── 當國王的靈魂力量被喚醒之後，當他可以很好的引導和控制這種力量的時候，他就可以發現被外部物質世界的力量隱藏起來的「新娘」。

　　在童話故事裡，當類似尋找一隻鳥這種事情發生的時候，肯定具有非同尋常的意義，它意味著某人與他的「靈魂看護者」開始建立連結，看護者能夠喚醒這個人內在的深層力量，就像那位護林人對國王所做的一樣。國王也在這種引導下獲得了那種力量，這種力量讓每一件發生在物質世界的事處於某個階段時，看起來都不那麼真實。但假如他有機會發現真相，那麼他就需要經歷一個這樣的階段。那樣的話，我們就能看見，

儘管外部條件看起來是事情發生的基礎，但事實上我們需要呈現出另外一種形態的意識，然後才能產生對於真相的真正的洞察力。

我們可以透過類似的方式去解釋每一個童話，但是這種解釋必須建立在整個童話世界背後的精神層面的意義上。發生在童話世界裡的每一件事，包括那些很小的細節，都可以一一被發現並進行解釋。例如，當我們可以發現自己內心深處更多的東西時，我們便可以找到在現實生活中那種活躍的知覺力量與那種隱藏的力量之間所產生的神祕關聯。上面故事裡的那隻金鳥與百合花的相遇，那可以視為這種關聯的象徵。一種精巧而又重要的精神力量沉睡於百合花中，只有當那隻金鳥觸碰到了它，這種力量才能夠被喚醒，才能夠呈現出來。

那種認為我們周圍所有的事物都被施以魔咒的看法，只有當我們自己主動打破了這種魔咒時，我們才可以獲得這種精神事實，這便是童話的基礎。我們一定要弄明白，一個童話故事最主要的便是對於精神世界裡所發生的事件進行記錄。但是在經過不斷的重複之後，一些很小的細節可能有某種變化發生，因為人類具有這種讓事情改變的天賦！我們謹慎的收集著那些被單純的人們一遍遍重複的童話，事實上這些童話都只是人們在精神世界裡看到的那些圖像的痕跡，其中很多的細節都已經被更改了。要想對童話進行正確的解釋，我們就必須要回到那種最初的形態，並透過這種形態來對這些童話進行辨識。一切都需要與我們在精神世界獲得的經驗相互照映。

但同時問題也出現了，當生活在現代的人們的意識處於中

間狀態的時候，他們所獲得的影像與古代的人所獲得的精神體驗是否能夠保持一致？答案當然是否定的。人類從古代發展到現在，已經經歷了很多個階段。但是，那些我們已經體驗的，戰勝的或拋棄的事情會另外透過一種清晰的、外在的形式表現出來。為了讓我們與遠古時代的巨人般的力量相互分離，我們一定要拋棄這種巨人形態，讓我們的力量上升到知性和意識的高度。當童話故事裡需要出現任何邪惡的角色時，需要主角去打敗邪惡時，而且這些已經被永遠的烙印在了精神世界裡，故事中就會出現一個「龍」或者其他什麼類似的形象。這是精神世界在改變的過程中所出現的一種奇特形態，是需要人類去改變或是拋棄的東西。我們一定要明白，它與已經絕對確定了的事實是遙相呼應的。

　　現在，我想用另外一個童話來得出最後的結論，你們也可以認真的思考一下。在即將講述的這個童話裡，包含著各式各樣的主題，這些主題都是在人類與精神世界建立連結的時候才能發揮出作用來的。如果你們能夠將我上面所講的內容來解釋這個有些複雜的童話，你也完全可以自己去解開那些謎團。從某種角度來說，這個特別的童話是一種合成，它把那些最富於變化的與交織在一起的複雜的力量全都集合到了一起。

　　很久很久以前，有一位老國王，他生了三個兒子和三個女兒。老國王在去世之前對他的三個兒子說道：「如果有人來向你們的三個姐妹求婚，那麼不論第一個前來求婚的人是誰，他想要我的哪個女兒，就給他哪個。這是我以父親的名義對你們提出的第一個要求。接下來我對你們的第二個要求是：你們永

遠都不要去某個地方，尤其是在晚上的時候。」隨後，老國王親自帶著三個兒子到了那個不讓他們去的地方 —— 森林裡的一棵楊樹的下面。

不久老國王就去世了，三個兒子便下定決心，堅決按著父親的話去做。在老國王去世的當天夜裡，就有什麼人或是什麼東西在窗外叫著要娶國王的大女兒。兄弟三個便將大女兒扔到了窗戶外面。第二天夜裡，又有一個聲音在窗外喊著要國王的二女兒。兄弟三個就把二女兒扔了出去。第三天夜裡也是一樣，於是兄弟三個便把三女兒也扔到了窗戶外面。

現在就只剩這三兄弟了，可是他們開始覺得非常好奇 —— 他們非常想弄清楚為什麼不能到在森林裡那棵楊樹下面待著。於是有一天夜裡他們便一起結伴來到了那棵楊樹的下面，生了一堆篝火，然後便睡著了。睡覺之前，三兄弟約定輪流守夜。先是大兒子守夜，他拿著寶劍來回巡視，突然發現有什麼東西正在靠近火堆；他仔細一看發現那是一條長著三個腦袋的龍。於是他跟那龍展開了搏鬥，最後殺死了這條龍並且把牠的屍體埋了。第二天早晨起來，他對兩個兄弟什麼話都沒有說，兩個兄弟以為什麼事情都沒有發生。三兄弟便一起回家了。到了夜裡，他們又來了，點上一堆篝火，在楊樹下面躺著睡覺。這回輪到老二來守夜了。沒過多長時間，老二便發現有什麼東西正在靠近火堆，走近一看，他發現那是一條長著六個腦袋的龍。於是老二與這條龍展開了搏鬥，最後殺死了牠並把牠的屍體埋了，他也是什麼話都沒有對兩個兄弟說，那兩兄弟也以為什麼事情都沒有發生。第三天夜裡，同樣的事情再次發

生。他們點了篝火，由最小的弟弟來守夜。他拿著劍四處巡視，幾乎是在兩個哥哥剛剛睡著的時候，他便發現有什麼東西正在靠近火堆。他走過去看了一下，這回是一條九頭龍。最小的兒子內心猶豫了一會，然後便開始與這條龍搏鬥，當他最後將這條龍殺死的時候，火堆熄滅了。他不想讓兩個哥哥感到奇怪，便想讓火堆重新燃起來。他在看到火堆還有一點點火星，就試著想用這點火星重新生火，但怎麼也生不起來。隨後他便發現空中有兩個東西正在搏鬥，於是便問它們到底是誰。兩個正在搏鬥的東西回答道：「我們倆一個是太陽，一個是黎明，我們正在為了爭奪白天而搏鬥。」於是這個最小的兄弟便從自己的衣服上解下一根繩結，將太陽和黎明綁了起來，它們被綁在一根繩子上，怎麼也掙脫不開，因此白天也就無法到來。然後他便繼續去尋找火，想要再點起一堆篝火。終於，他找到了一堆很大的篝火，但是這堆火的前面睡著三個巨人。他從火堆裡取了一些火種，然後想跨過其中的一個巨人，但是有些火星落在了巨人的身上，巨人於是醒了過來，然後一把抓住了這個最小的兄弟，又叫醒另外兩個同伴，對他們說：

「你們兩個看看啊，我抓到了一個小矮人！」這個最小的兄弟被嚇傻了，因為巨人們想要把他殺掉。不過，他運用自己的機智與這些巨人做了一筆交易。因為這些巨人想要抓住三位公主，可那幾位公主居住的城堡門口有一隻雞和一隻狗，牠們總是發出非常吵鬧的聲音，令他們無法安心的去抓三位公主。國王的小兒子便向他們打了包票，自己能幫他們，於是巨人便放了他。國王的小兒子拿著一個線團往前走，線頭在三個巨人

手裡。他每次一拉那個線團，三個巨人便會跟上來。沒過多長時間，他就到了一條非常寬闊的大河邊上。在此期間，他那兩個兄弟一直都在睡覺。為了過河，他拉了拉那個線團，於是便有個巨人走了過來，將一棵大樹的樹幹扔到了河面上，於是國王的小兒子便渡過了這條河並最終找到了那座城堡，在那裡，他找到了三位公主。他走進城堡之後，先進入了一個房間，在這個房間裡他發現了一位躺在銅床上的公主，她的手上戴著一枚金戒指。國王的小兒子將這枚戒指摘下來，戴到了自己的手上，然後就退出了這個房間。接著他又進入了第二個房間，這個房間裡有一張銀床，床上也躺著一位公主；公主的手上也戴著一枚金戒指，國王的小兒子將金戒指摘下來戴到了自己的手上。最後他又來到了第三個房間，這個房間裡有一張金床，床上躺著第三位公主，國王的小兒子又將她手上戴著的金戒指摘了下來，戴到了自己的手上。隨後他向四周看了看，看到了城堡的另外一個入口。於是他拉動了線團，第一位巨人便趕到了。這個巨人用盡全力想要從那個入口進來，但是他的頭能進來，身體卻卡在了入口外面。國王的小兒子立刻用一把刀把巨人的腦袋砍了下來。然後，他用同樣的方法殺死了第二個和第三個巨人。然後他就回到了正在楊樹下面睡覺的兩位兄長那裡，他先是替太陽和黎明解開了繩索。太陽與黎明互相看了看對方：「唉！這個晚上真是太長了！」「對啊，」國王的小兒子說道：「確實是一個很長的夜晚！」但正像他的兩位兄長一樣，他什麼話都沒有說，然後兄弟三個便一起回去了。

又過了一段時間，兄弟三個都想娶妻子了。國王的小兒子

便對兩個哥哥說了在城堡裡殺死巨人的事情，隨後他便帶著兩個哥哥來到了那座城堡。於是三兄弟便與城堡裡的三位公主結了婚。國王的小兒子娶了那位在金床上睡覺的公主，後來又當上了這個王國的國王，並一直生活在這裡。過了幾年，他想重回故鄉，於是便帶著妻子一同前往。但妻子的父親對他說到：「倘若你非要踏上旅途的話，那麼當你們走到邊境的時候，你的妻子便會從你的身邊被帶走，或許你永遠都不能再看見她了！」但是這兩個人仍然想回去，於是他們便帶上了三十個武士，由這些武士來保護他們的安全。可是當他們走到邊境時，他的妻子還是被一種神祕的力量給帶走了。於是他返回城堡，向妻子的父親詢問公主去了什麼地方，要怎麼做才能夠重新找到自己的妻子。妻子的父親回答道：「你只有去往一個白色的國度，才可以找到你的妻子。」於是他立即動身去尋找自己的妻子。但是他卻不知道走哪條路才能找到那個白色的國度。

　　他信馬由韁，走了很久，最後來到了另外一座城堡的前面，於是他走進城堡去問路。在這裡，他見到城堡的女主人 —— 被他們三兄弟扔到窗戶外面的三姐妹之一。他向自己的姐妹詢問那天晚上來向她求婚的是誰，這座城堡的女主人便將自己的丈夫叫了進來，啊！原來是一條長著四個頭的龍！王子向這條龍打聽通向白色國度的道路，但這條龍也不知道。不過他說其他的動物也許能知道。於是這條龍便請其他的動物進入了城堡，但是沒有一個動物知道應該怎麼去白色國度。於是他便繼續往前走，走到了第二座城堡的前面。在那裡他遇到了自己的第二個姐妹。他問這個姐妹的丈夫是誰，於是那姐妹便將

丈夫叫了進來。那是一條長著八個腦袋的龍，這條龍也不知道那個白色的國度到底在何處。「或許」，這條龍說：「其他的動物們知道在哪裡。」於是那些動物被請進了城堡，不過牠們也都不知道應該怎麼去往那白色的國度。他只能繼續朝前走，過了一段時間之後他又來到了第三座城堡，在這裡他遇到了自己的第三個姐妹。他對她說了自己的目的，但她非常遺憾的回答了他。第三個姐妹的丈夫也被請來與他相見，這是一條長著十二個腦袋的龍。這條龍說牠對那個白色國度也是一無所知，但他管理的那些動物之中或許有知道的。於是動物們被請了進來，但跟前面一樣，誰也不知道那個白色的國度在哪裡。直到最後，有一頭瘸了腿的狼進來了。「我知道，」他說，「我以前去過那個國家，我的腿便是在那裡受傷變瘸的，如今瘸得更嚴重了。我真的是太不幸了！」他對瘸狼說道：「我懇請你幫我帶路，指引我前往那裡。」但是這頭狼怎麼也不願意去，後來他承諾事成之後送給瘸狼一群肥羊，這頭瘸狼於是答應帶王子前往一座山，在那座山的山頂，可以看見那個白色的國家。於是他們來到了那座山，瘸狼讓他留在那裡，自己返回了第三座城堡。

在這裡，這個尋找妻子的人發現了一汪清泉，他喝了一些泉水，覺得自己身體裡又充滿了力量。正在這時，從遠處走過來一個女人，他馬上便認出來，這個女人正是他的妻子。女人很快也認出了他，但她對丈夫說：「你無法這樣把我帶走，因為就算你這樣做了，那個將我抓到這裡並讓我做他妻子的巫師馬上就會讓他那匹魔馬再次把我抓回來。那匹馬可以在空中自

由的飛翔，速度快得就如同人的思想一樣。」聽到此處，丈夫說道：「那我們應當怎麼辦呢？」女人對自己的丈夫說道：「我只知道一個辦法：我們需要一匹比那匹魔馬更快的馬。在距離邊境不遠的地方，住著一個老婆婆，你去找她。表示願意為她當一年的奴僕。在這一年之中，她會讓你去完成很多困難的事情，但我相信你肯定能夠找到解決的辦法。做滿一年之後，你要向這個老婆婆要的報酬是那匹最小的馬駒以及一副馬鞍。你要對這個女人說：『我想要那副被扔到地上、沾滿了灰塵的舊馬鞍。』而你向她要的第三樣報酬則是一個非常舊的馬籠頭。」

　　於是王子便帶著妻子的指令踏上了旅途，他先是走到了一條小溪的邊上。當他坐在小溪邊休息的時候，就看見一條魚正躺在岸邊。這魚向他乞求道：「請你把我扔回小溪。如果你這麼做，就等於做了一件天大的好事！」王子便將這條魚扔回了小溪。隨後，這條魚交給他一個哨子，對他說道：「假如你想要什麼東西的話，只要吹吹哨子，我就能幫你實現你的願望！」王子接過哨子繼續趕路。又走了一段時間，他遇到了一隻正在被蜘蛛追逐的螞蟻。他救下了這隻螞蟻，為了報答他，這隻螞蟻也給了他一個很小的哨子，並且對他說，如果遇到了困難，可以吹響這個小哨子，便有人立刻趕來為他提供幫助。於是他接過哨子繼續向前趕路。又過了一段時間，他遇到了一隻受了傷的狐狸，這隻狐狸被一枝銀色的箭射中了。狐狸說：「假如你能夠幫我把這枝箭拔出來，並且替我在傷口上敷上草藥，我一定會在你遇到大麻煩的時候來幫你。」於是他按照狐狸說的做了，狐狸也送給他一個哨子。就這樣，他帶著三個哨

子來到了邊境附近那個老婆婆家裡。他對老婆婆說自己樂意為她當一年的奴僕。「行啊，」這老婆婆說到，「但是替我做事是非常困難的。到現在為止，還沒有人能夠堅持下去。」說完，這個老婆婆便領著他來到了一塊空地上，在那裡，有九十九個人都被吊死了。「這些人到我這裡來，想為我工作，可是卻沒有人能夠完成我交給他們的任務。如果你也不能完成我交給你的任務，你就會成為第一百個被吊死在這裡的人。」儘管如此，他仍然願意為了解救自己的妻子為她當一年的奴僕。

在老婆婆這裡，一年其實只相當於三天的時間。頭一天，老婆婆為他做了一碗湯 —— 喝了這湯之後人就會睡著。看到他喝完湯，老婆婆便讓他帶著三匹馬去吃草。但沒過多久他就睡著了，等他醒來時，三匹馬已經消失了。他想起自己的口袋裡裝著三個哨子，於是便拿出第一個哨子吹了起來。這時，他站立的地方湧出了一汪清泉，泉水中游過來三條金魚。他的手剛一碰到那些金魚，牠們立刻就變成了三匹馬，然後他就把三匹馬趕回了老婆婆的家裡。原來，這三條金魚是老婆婆用法術把那三匹馬變成的。當她看見到三匹馬被帶回來的時候，內心感到無比憤怒。

次日，這個老婆婆又替他做了一碗睡覺湯，讓他喝完之後帶著馬出去吃草。他喝完湯之後很快又睡著了，等他醒過來的時候，馬又不見了。這此他拿出了第二個哨子來吹，於是馬上有三隻金色螞蟻出現了。他剛觸碰那三隻螞蟻，牠們隨即變回了三匹馬的樣子。於是他帶著這三匹馬又回去了。老婆婆見此情景幾乎都要瘋了，因為這次也是她替三匹馬施的魔法。

王子再一次倖免於難。到了第三天，老婆婆自言自語道：「這一次我需要用一個更聰明的辦法。」於是她又一次替他做了一碗睡覺湯，讓他帶著馬去吃草。當他因為了喝了湯而睡著的時候，老婆婆便將三匹馬變成三顆金蛋，然後將它們放到了自己的身體下面，自己坐到了金蛋的上面。當她的第一百個奴僕醒過來之後，發現馬又消失了，於是他便把第三個哨子吹響了。現在你們也許能夠想到這件事到底有多麼的巧妙吧 —— 狐狸出現了，牠對他說道：「這一次的任務的確很困難，不過我們能夠解決。我會進入老婆婆養母雞的地方，在那裡製造出一些混亂。那老婆婆便會跳起來去趕我走，到時候你就趁這個機會趕緊用手去摸那些金蛋，這樣它們就能夠重新變回馬。」事情果然像狐狸計劃的那樣。狐狸先是到了老婆婆家的雞窩，在那裡弄出了一場混亂，當老婆婆跑出去想把狐狸趕走時，王子便碰了碰那些金蛋。於是當老婆婆回來的時候，便發現三匹馬站在自己面前！這時一年的期限已滿，這老婆婆只好問他：「你想要得到什麼樣的報酬呢？」她原本以為會遇到什麼奇怪的要求。但他只是說：「我想要昨天晚上剛剛出生的那匹小馬駒，那副被扔在地上沾滿了灰塵的舊馬鞍，還有那個破舊的馬籠頭。」老婆婆一聽，毫不猶豫的就答應了。那匹小馬駒還很小，他只好把牠放到自己背上背著走。夜晚降臨之後，這匹小馬駒對他說：「你可以先休息一下，我要到泉水那邊去喝點水。」第二天早晨，當他醒來的時候，看見小馬駒正好從泉水邊跑回來 —— 牠已經可以跑得很快了。這天晚上又發生了同樣的事情，到了第三天，這匹小馬已經可以飛了。小馬載著他

再次來到了他妻子被囚禁的地方。他扶著妻子騎在了這匹小馬的背上。然後他問妻子：「我們騎著馬在空中可以飛多快？」妻子回答道：「跟人的思想一樣快！」此時那個擄走他妻子的巫師已經發現了他們正在空中飛行，他馬上跳到自己那匹魔馬的背上去追趕他們。這匹馬向巫師道：「我們需要在空中飛多快？」，巫師回答道：「像人的意志或是思想一樣快！」他們在前面跑，巫師在後面追，雙方距離越來越近。當雙方已經馬頭挨著馬尾的時候，巫師的魔馬要跑在前面的馬立刻停下來。那小馬回答道：「只有當你追上我，跟我並駕齊驅的時候我才願意停下來。」那匹魔馬聽後以後立刻抬起前蹄，將那竊賊掀翻在地，然後這匹魔馬加入了小馬的行列。最終，這王后獲得了丈夫的解救。兩個人一起回到了故鄉。如果這一切在發生之後還沒有消失的話，那麼直到今天他們仍然生活在那裡。

這個童話的內容更加龐雜，其中更包含著很多種不一樣的特性。在我們對這個童話進行更多的解釋以前，我們應當讓它滲透到我們的內心深處，然後辨別、牢記那些已經巧妙、和諧的交融在一起的各種特性。當然，在我們的心裡，要非常自然的將一切由於錯誤的傳統而被帶進故事裡的元素通通篩除。倘若你遵循接下來將要陳述的這個原則，你就可以發現將每一個事件連結起來的線索。我要說的原則就是：三姐妹被扔到窗戶外面的主題；在篝火堆旁戰勝龍的主題；智慧的主題；愛情的主題；再次遇到透過獨特方式展現出神奇力量的主題。然後就是國王的小兒子遇到自己三個姐妹的時候出現的因果報應以及命運的主題：被三兄弟扔掉的三姐妹，象徵著他們所具有的更

高等級的內在特質被拋棄，諸如此類。

這種童話是某些人根據自己的經驗所寫的，這種經驗是當人的意識處在中間狀態時候所獲得的。那些廣為流傳的關於偉大的神的傳說也都是那些啟蒙者在精神以及更高層面的世界經歷了一切之後寫成的。童話與這些神話之間有著非常密切的關係：如果我們可以理解神話裡那個廣闊無邊、包含一切的浩瀚宇宙，我們就能夠明白神話是什麼。而當我們明白了童話裡不同的場景和事件只是人類精神世界裡曾經出現的事件的折射，我們便能夠理解童話。人類生活在遠古時，幾乎每個人都會在精神世界獲得一些經歷。不過這樣的經歷會變得越來越少。一個人將這種經歷說給另外一個人聽，另外一個人又將它當成一個故事傳播到了別的地方，童話就是這樣不斷流傳下來的。童話可以透過各種不同的語言來講述，當我們可以揭開作為童話基礎的精神世界的神祕面紗時，我們便可以總結出全世界童話的一些共性。

一個曾經周遊世界，且具有思考能力的人，他們直到現在或許都能夠保留著一些帶有返祖性質的「天眼通」的痕跡。不管在哪裡，他都有可能會遇到一些人，這些人會把自己在精神世界的經歷告訴他。那麼，他在全世界遊歷的時候，就能夠聽到很多還不了解童話真相是什麼的人所講述的故事。於是他可將把這些人講述的故事記錄下來。《格林童話》就是這樣收集並創作出來的。此外，其他人也都在用這種方式來收集童話。通常來說，他們並非「天眼通」，他們所獲得的一般都是第二手、第三手甚至第十手的材料，這些故事在被他們記錄下來的時候

已經產生了非常大的變化。因為人與精神世界的距離變得越來越遙遠，那種帶有返祖性質的「天眼通」自然也就變得越來越稀少。而那些能夠被認為是有益的、真正的「天眼通」，這種能力需要透過艱苦的訓練才可以擁有。將來，具備這種能力的人會這樣向人們講述遠古時代的人在精神世界所經歷的事情：「在很久以前，那些古人會從根據他們的生活經驗，透過這樣或是那樣的方式來講述故事。那麼這些故事究竟是在哪裡發生的呢？可以說它是無處不在的，它可以在任何地方發生。」

但是，我們今天幾乎已經無法找到可以從真正的源頭講述那些故事的人，我們也只能透過這樣的方式對與童話相關的那些經驗進行描述：「這個故事發生在很久以前，如果它們尚未消失的話，那麼這些童話裡所蘊藏的經驗就仍然是鮮活的。」

不過對於大多數仍然受到物質世界的困擾的人而言，這些經驗在很早的時候就已經死去了。

童話的詩學

1913 年 2 月，柏林

　　從精神科學的角度來討論童話這個話題，需要冒一點風險，具體理由如下：

　　首先，這個主題的確定就非常不容易，之所以能夠被稱之為是真正的童話，是因為它所表現出來的品性全部源自人類的精神深處。我常常討論精神科學的方式與方法，然而如果真是應用這樣的方式方法，那麼我們必然需要經過一段漫長而又曲折的道路，才能最終找到童話的泉源所在。可是我們極少會去猜疑那泉源所存在的深度，正是在那裡，在人類漫長的歷史長河中，那些真正擁有魔力的童話才得以形成。

　　其次，正是由於童話擁有某種奇妙的魔力，人們才會對童話產生一種熱烈的感覺。探究這些童話，並試圖以自身的某種見解去把它們解釋清楚，毫無疑問，這樣的做法會把童話所擁有的生動的和最初的魅力破壞掉，甚至還會把童話通篇的品性也破壞了。我們常常講，對詩進行詮釋與評論，這種做法將會破壞詩本身賦予我們的最直接，且最鮮活的藝術印象，然而我們所期望得到的，不正是詩本身所給予我們的感覺嗎？這一點在試圖說明童話詩學的時候，表現得尤為明顯。童話來源於某個民族或者個體的精神的最深處，特別是它們所擁有的無限微妙的，以及讓人感到著迷的特質。童話充滿了原初性的力量，它能夠將我們牢靠的決斷穿透，就好比是把一朵美麗的花兒，

撕扯成一瓣一瓣的。

　　不過，精神研究發現，人們是有可能去探尋到那些形成童話的根源的。探尋這種靈魂的根源，既可以獲取對童話的認識，又可以防止童話本身的特質被破壞。憑藉找到人類靈魂深處中形成童話的泉源，我們就可以絕對的肯定，當精神科學對童話進行解釋的時候，會用極其柔和的方法去觸及這個領域，並且不會對其產生任何的損害。和這樣的考察方法相反的是，在形成童話的人類的靈魂深處，具有那麼強大的創造力，而且是那麼鮮活、那麼個性化。所有人都可以運用童話本身的形式來對其進行談論，而另外的形式都不可以將那個深藏的泉源描述出來。

　　舉例說明，歌德應用藝術家的形式來進行探索尋找生命的祕密與泉源，他在嘗試揭示，童話在展現人類靈魂最深處的視野的時候，是不會去談論童話所使用的修辭的，也不會去破壞童話所具有的鮮活的生命力。一旦他將那個視野的影像捕捉到，對他而言，就會自然而然的運用童話的方式來對其進行形容。在他所著的〈綠蛇與漂亮的莉莉〉一文當中，歌德試圖用他自己的方式來表述那不凡的靈魂體驗，如此的體驗，席勒（Schiller）在自己的著作《論人的審美教育》中，則是透過另外一種更加抽象、更加哲學的方式對其進行說明的。

　　童話所擁有的魔力讓我們確信，對它進行認識和說明或許永遠都不會破壞它本身所具有的創造性；將精神研究的領域深入到童話形成的泉源之中，表示著去發掘一種非同尋常的意義。假如任由我自己來討論童話的話，那麼我會進行很多次演

講。現在，我只能簡略概要的對這一研究成果進行敘述。

藝術誕生於人類的靈魂深處。假如一個人嘗試去探尋童話裡的精神世界，那麼他就會發現，於人類靈魂的深處，那個形成童話的地方，要遠比其他藝術形成的地方更為深遠 —— 比如最令人為之激動的悲劇。在悲劇裡，詩人向我們展示人類的靈魂所經歷的極大的命運的力量，這力量既能夠成就人類，又能夠粉碎人類。命運是悲劇中考驗與震驚的重要根源。我們發覺，在悲劇裡那些交織之後又被鬆開的命運枷鎖，或多或少就是個體在面對外部世界時，所必須要承受的。無論狀況如何複雜，無論要耗費多少努力，才能進入一個個體靈魂的獨特性之中，假如我們可以足夠敏銳，那麼總會有機會識別出生活對靈魂的作用。我們充分感受到，悲劇表現了個體是怎樣用這樣或者那樣的方法與生活的情形相互交織在一起的。

但是，童話的泉源要遠比悲劇複雜和深遠。只從一個方面來說的話，我們能夠感受到，悲劇還有另外的藝術創造，或是觸及個體與生命裡的某一階段，或是某個時代，並置身於某種逆境當中。我們能夠理所當然的體會到悲劇對我們造成的影響，這是由於人們會把自己的經歷帶入到這樣的體驗的過程中；我們了解到，我們必須要明白的是，這個作為個體的人的特殊命運。在這裡，與在另外的藝術類別裡是一樣的，我們所遇到的是一個特定的，並且是一個被環境限制的生命過程。

然而，當我們談論到童話的時候，情況就完全相反了。童話對人類靈魂的影響是很自然的，是最根本的，所以它是完全沒有意識的。可是當我們試圖對它產生某種情感的時候，我們

會發現，童話所要表述的並不是一個人生活裡的某個獨特的遭遇，也並非是生命特定的某個方面，而是與整個人類共同的經歷相融合的，與人類關係密切的一種普遍性真理。童話所表述的是深植在所有人靈魂深處的，代表著不管是男人或者是女人，或者是從兒童到中年，甚至是老年的普遍性體驗。

童話表述了人類靈魂最深處的感受 —— 縱然是用一種明朗的，放鬆的以及形象的方法來描述。從童話裡所得到的藝術享受，是與內在的靈魂體驗互相照映的。這裡我們可以用一個較為大膽的比喻來描繪這種體驗，舌尖會感受到食物的美味，而身體另外的部位卻同時進行另外一種繁瑣複雜的活動，從而實現對身體器官的營養補充。我們能夠感覺到味覺上的愉悅，但身體其他部位的活動就不那麼明顯了，我們也不太能觀察得那麼清楚。剛開始，兩者看起來彼此之間似乎並沒有什麼關聯，因為沒有任何人會在享用美味食物的時候，會去講所食用的這些食物是如何在人身的生命過程中發揮作用的。這好比我們在閱讀童話時候的經歷，我們體會到閱讀的快樂，然而正在此時，我們的靈魂深處也會在不知不覺間發生變化。在靈魂深處，童話將其自身的本質傾瀉而出，使靈魂對它的渴求得到充分的滿足。好比我們的身體，需要有營養物質來回循環於各個器官之間，同樣的，靈魂也需要童話作為營養物質流淌在其精神的血管之中。

應用我自己書裡所表述的路徑，去獲取更高階的世界裡的知識時，你能夠發現，在和精神方面的知識相關的某個水準層面上，靈魂深處正在進行著沒有意識的精神過程。在日常生活

裡，當這個精神過程被溫柔的夢境呈現出來的時候，被清醒時候的意識捕獲到的時候，我們才可以發現存在於靈魂深處的精神衝動。有時候，我們於某個醒來的時刻也會意識到：你是在某一個精神世界之中甦醒過來的，在那裡，思想與意識都存在著；在那裡，有一個不能夠到達的地方，其中存在著某種與日常經歷一樣的事件；那是與你的存在密不可分的一部分，然而卻完全的隱藏在你清醒的意識之下，以及日常生活之下。

這種情景經常會發生在精神研究者的身上，縱然他在精神研究的過程之中已經可以體驗到某種事情存在與發生，可是這樣的情境仍然會發生。無論他修練到如何高深的境地，他都會一次次的來到那個深不可測，且沒有意識的地方的邊緣，在這個世界之中，與他本身有關的精神衝動將會湧現出來。當他凝視著這些精神衝動的時候，這些精神衝動就猶如眼前的海市蜃樓一般。

當一個人去審視人類靈魂之中那高深莫測的精神世界的時候，就會獲得這種特別的體驗。人們很容易就能追蹤到靈魂之中某些私人的經驗，比如，感情的衝突，還有就是在藝術中，在悲劇之中所獲得的可以將個體呈現的經驗。然而比這還要艱難的是人類靈魂之中普遍存在的衝突，在我們日常的生活裡，這些衝突簡直是不可想像的存在，但是在我們生命的所有階段裡，都會經歷這些衝突。

有種日常的意識是沒有辦法將其發現的，它是只有透過精神研究才可以被察覺到的一種衝突：每天當我們醒來的時候，靈魂就會離開在睡眠時所置身的那個世界，然後進入到人的物

質的身體中。就好比我講的一樣，對於這一點，一般情況下我們是毫無察覺的，可是每個早晨，人類的靈魂都在進行著一場戰鬥。對此，精神研究者們也只是可以略微的窺見到：這是孤單的人類靈魂與強大的自然力量相遇時所爆發的戰鬥。當我們面對自然界的閃電、雷霆這一類強大的力量時，我們或多或少都可以體會到人類的無助。在早晨醒來那一刻，我們的靈魂在發生著沒有意識的戰鬥，即它必須要與一個純粹的物質身體互相結合。自然界的強大力量與這一刻相互比較起來，簡直算不上什麼。靈魂需要一種物質的器官，需要應用受自然法則控制的身體的感官，同樣也需要應用擁有自然力量的四肢。在靈魂當中存在著一種渴望，即渴望能夠深入到物質身體所處的這種天然的狀態。這樣的渴望在每次醒來的時候都可以得到滿足，然而也是在這一刻，靈魂會退縮，這種退縮是在面對這個與自然有關的物質的身體，以及本身永久性對立的時候，所形成的一種整體的退縮。這聽起來非常奇怪，然而這樣的每日的戰鬥確實發生於我們的靈魂深處，並且完全是在沒有意識的情況下發生的。儘管靈魂並不清楚每個早晨自己所要經歷的這場戰爭，但是它卻被這戰爭所困，這也就決定了靈魂的特性以及每個個體的性格。

透過精神科學的研究，我們能夠發現，在靈魂深處還發生著一些別的的事情。而且就是在人們進入到睡眠的時刻所發生的。此時，人類的靈魂退出感官世界，退出身體四肢，只把物質身體留在感官世界。之後對其本身內在性的真正的覺知會產生於靈魂之中。在這個時刻，靈魂開始用一種沒有意識的狀態

去體驗在清醒狀態的時候，自己受物質的身體約束的情況，這是由於自己必須要與物質世界交織在一起才能產生內在的爭鬥。靈魂開始發現自己在那個沉重的物質世界的變形，這樣的情況把靈魂的美德壓抑住了。在進入到睡眠之後，靈魂就只與自己相處，在其四周沒有意識的情況下，充斥著一種道德的氣氛，這種道德與我們日常生活之中的道德是完全不一樣的。在我們睡眠與醒來的過程之中，當我們的靈魂離開物質的身體的時候，就會存在於一個完全的精神世界之中。那個世界裡面除了其他的印象之外，都是充斥著這樣的道德的氣氛。

在我們睡覺的時候，靈魂之中所發生的一切就會立刻消失。精神科學完全可以將這樣一個十分有趣的現象呈現出來：我們任何時候都會做夢，而並不只是在我們覺得會做夢的時候才做夢。事實上，我們的靈魂在任何時間都是被夢充斥著的，但是由於清醒的意識要比夢境的意識強烈很多，所以我們就沒有辦法去注意到在清醒的時候靈魂的夢境。就好比有一束強光存在時，微弱的光就會像完全熄滅了一樣，白天我們清醒的意識會將一直伴隨著它而存在的，靈魂深處的夢境被熄滅了。我們一直處在夢境之中，但是我們幾乎是意識不到的。從那些大量的，沒有意識的夢境的經驗之中 —— 這類的經驗要遠遠強於我們清醒的時候，而且有時候有一些會湧現出來，就好像於幽深的湖面之上泛起一些水珠一樣，這就是我們意識與發現到的夢境。然而如此沒有意識的夢境，僅有透過靈魂的精神性才可以被發覺到。事實上，於靈魂深處具有非常多的體驗，就像我們沒有任何辦法感知到的，然而卻在身體中的的確確發生的

化學過程一樣，於我們靈魂沒有意識的範圍之中，也在發生著非常多樣的精神體驗。

　　就靈魂的深度這個話題，我們能夠談論得更多一些，在地球進化的過程當中，人類的精神生活就絕對已經產生了的變化。當我們回溯遠古時期人類歷史的時候，我們會發現古代人類的靈魂生活與我們今天人類的靈魂生活是完全不一樣的。在曾經的演講當中，我說過古代人類擁有原始的洞察力 —— 關於這一點我們之後還會說到。今日的人類是用存在於靈魂中的絕對清醒的狀態來看待這個世界的，人類可以從外在的刺激當中得到感官印象，之後再用人類所具有的智慧、理性、情感與意志力來對這些感官印象進行加工，然而這種意識狀態只能應用於今天這個時代。這種現代的意識是從古代早期的意識當中發展而來的，我們姑且用一個比較恰當的詞語 ——「洞察」來形容古代的意識。古代人在清醒與睡覺中間的狀態下，可以感受到精神世界的存在，這是一件十分正常的事情。在古代，縱然一個人不可以完全的對自身有所察覺，然而也不會認為我們所形容的於靈魂深處所產生的事情，是完全陌生或者奇怪的。

　　在古代，人們完全可以察覺到自己與外在精神世界的結合。他能夠看到自己的靈魂中所發生的任何事情，這就是人類原始的洞察力的特徵之一。在古代，並不是僅有藝術家，而且非常多的原始人時常會有一種感覺，我在下文會對這種感覺進行描寫，這種感覺在今天，只有在極為特殊的情形下才能夠體會到。

　　在人類的靈魂深處，這種體驗以一種無比輕柔的方式存在

著，但它還沒有進入到人類的意識中。在我們白天完全清醒的意識裡，也不會發現它的存在。然而它就存在於靈魂當中，就好比物質器官時常可以感覺到飢餓，就好比我們的飢餓感需要被滿足，這種靈魂微妙的渴望，也需要我們去滿足。

　　正是在這樣的時候，我們才會有一種衝動，想要向我們所了解的童話或者神話接近。可以的話，假如是一個擁有藝術家天性的人，他自己就會去創造相似的作品，縱然他會覺得我們所應用的所有詞藻，在去形容那樣的經驗的時候都會顯得喧鬧並且愚蠢。也就是在這樣的時候，童話的影像會顯現出來。這些顯現的童話的影像可以將靈魂的渴望滿足。在人類早期進化當中，人類的靈魂所擁有的洞察力讓他可以更加的接近其內在的精神體驗；所以，常在鄉村中生活的那些單純的人們可以比我們今日的人們更加清楚的感覺到這種來自於靈魂的渴望，這也促使他們在具有創造力的精神生活之中去找尋那個能夠滋潤靈魂的影像。我們能夠發現，在這個世界上，很多不同地方的童話都是被當作民間傳統時才得以流傳的。在古代，人類的靈魂還可以感受到與精神存在的結合，靈魂所經歷的內在戰鬥多多少少是可以體會到的，縱然他們並不能夠理解戰鬥的意義。靈魂把所有事物都編織成了影像與意象，這些影像以及意象與靈魂深處所發生的事情，只有很少的相似性。然而即使這樣，我們依舊可以感覺到童話當中所發生的事情與靈魂中高深莫測的經驗，仍然有著密不可分的關聯。

　　很明顯，而且很多的孩子都能夠證明這一點，他們常常會在自己的心中創造一個同盟或者朋友，這個同盟或者朋友只是

為了這個孩子而存在，在來來去去之間，會一直陪伴在這個孩子的身邊。或許任何人都會認識一個擁有看不到的精神夥伴的孩子。你也許能夠想像一下，這些看不到的朋友，無論他身在何方，都一直與他在一起，分享他的快樂與痛苦。之後，你就會看到有人過來 ── 某個所謂的「聰明人」，他聽見了孩子與他所看不到的精神朋友的溝通和交流，因此就想讓孩子停止這樣的做法，他認為自己在做一件對孩子的健康十分有利的事情 ── 事實上這對孩子的情感生活來講是極為糟糕的。孩子會替他的精神夥伴感到難過，假如孩子因此對自身這種體驗感到疑惑，那麼這樣的痛苦就會變得十分沉重，會讓孩子變得鬱悶。這的確與人類靈魂深處的經驗有關。

格林童話中有個關於一個孩子與一隻小青蛙的故事：一個小女孩讓一隻小青蛙在自己的碗裡吃麵包、喝牛奶。小青蛙僅僅將牛奶喝了。小女孩與這隻小青蛙進行對話，就好像在與另外一個人對話一樣。然而有一天，她說：「小東西，好好吃點麵包渣吧。」這時小女孩的母親聽到了她和這隻小青蛙的對話，然後徑直走到院子當中，把這隻小青蛙給打死了。自此之後，再也看不到小女孩臉上的紅暈了，她開始慢慢消瘦，直至最後死亡。

在這個故事當中，我們能夠感覺到某種氣氛在我們的靈魂深處迴響著，它一直存在，而且並不僅僅是在我們生命的某些特定的時候才會出現。無論我們是孩子還是成年人，我們都能夠把這種氣氛給辨識出來，這是由於我們人類天生就具備這樣的能力。

　　我們所有人都會有過這樣的體驗，但是所有人並不能夠完全理解它們。靈魂深處為我們帶來的這種不能進入到我們意識當中的體驗，就好比是流連於我們舌尖上的味道一樣。童話對靈魂的影響，就好像具有營養的食物對所有感官的影響一樣。去發掘每個童話中所擁有的以及深藏著的靈魂體驗是一件十分誘人的事情。自然這會是一項長期並且艱鉅的任務。這是由於世界各地任何一個地方都擁有著大量的童話。但是，我們談論當中的幾個童話，也就可以為理解全部的童話提供一部分基本的思路。自然，所談論的這幾個童話一定要是真正的童話。

　　讓我們一起來看一下格林童話當中的一則故事——〈古怪的名字〉。一個磨坊主人對國王講，他的女兒能夠將稻草紡織成為金子，因此國王就將這個女孩帶到了他的城堡，以便看個究竟。當這個女孩到了國王的城堡之後，就被關在了一個房間之中，她的身邊有一捆稻草。女孩坐在房間裡，完全不清楚自己應該怎麼辦，於是便哭了起來。這時，忽然出現了一個小矮人，這個小矮人說：「假如我替妳將稻草紡織成為金子，妳能夠給我什麼？」於是這個女孩就將自己的項鍊給了小矮人。第二天清晨，國王感到十分吃驚，並且十分高興，但是他卻希望得到更多的金子。這次，女孩被鎖進了另外一個房間，房間裡堆了比之前更多的稻草。這時，小矮人又出現了，依然問女孩：「假如我替妳將這些稻草紡織成為金子，妳能夠給我什麼？」於是這回女孩就將她的戒指給了小矮人。又到了清晨，全部的稻草都被紡織成為了閃著光芒的金子。然而國王仍舊覺得不滿足。小矮人又來了，這次女孩再沒任何東西能夠給小矮

人了。這時小矮人說：「假如妳變成了王后，那麼妳要答應我，必須將妳的第一個孩子送給我」。女孩答應了。一年之後，嫁給國王的女孩的生了第一個孩子。小矮人找到了她，並提醒她兌現當初的承諾。王后懇求小矮人再等一等，女孩對小矮人說：「我三天之後將孩子給你。」這時，小矮人說：「三天之後，假如妳可以弄清楚我的名字，妳就能夠留下這孩子。」磨坊主人的女兒將這個消息發布出去，並尋找小矮人所有可能的名字。最終，在猜錯了幾次以後，她將這小矮人的名字叫了出來——「侏儒怪」！

沒有任何一種藝術形式可以像童話那樣，讓我們不僅可以獲得人類深層次的靈魂體驗，並且還能以它單純的影像，讓我們獲得最深層次的內在的愉悅。我們能夠再進行一次沒有任何趣味但是卻極其精準的類比，在我們弄清了食物的化學結構以後，依然可以享受到吃這些食物時的愉悅。這就好比內在的深層次的靈魂體驗，儘管可以被感覺到，但是卻沒有辦法被理解，正是這種感受被當作一種影像呈現在了童話裡。

這個故事裡的磨坊主人的女兒，象徵著我們的靈魂，它一直是孤獨的。無論是在清醒的時候，還是在睡著了的生命當中。縱然這個靈魂已經寄居在我們的身體裡，然而這個靈魂卻一直能夠感受到（但是是在沒有意識的情況下）它與它所置身的那個世界的強烈衝突。她能夠察覺到（但是並不可以理解）自身那永無休止的任務，也就是她終歸要前往的精神聖境。

相比於自然的力量，靈魂能夠更清楚的知道自己所擁有的其他的不是非常重要的能力。當然，擁有強大力量的魔法師，

能夠在剎那之間把物體進行轉化。靈魂同樣也想擁有如此的能力，並變成這樣的魔法師。

在日常的意識當中，人能夠帶著尊嚴向無所不能的自然力量屈服。然而在靈魂的深處，狀況就非常複雜了。假如不能確認自身的意識中存在著另外一種更深層次的東西 ── 這種東西能夠一直獲得自己的信任，那麼靈魂深處就會產生強烈的不安。對於這種東西，我們可以這樣來形容它：

你，靈魂，尚未處於一種非常完美的階段。然而在其中還有另外一種存在。它的智慧遠高於你，它能夠幫助你完成最艱鉅的任務，可以將得以升騰的羽翼給予你，將廣闊的視野賜予你，讓你看到無窮無盡的未來。有一天，你終將能完成那些不可能的事情，這是由於在你的體內，有比你所能夠知道的比你自己還要偉大得多的存在。假如你可以與它達成同盟，它將成為你的忠誠的協助者。然而你一定要對你身體之內的這樣一種存在，一種智慧遠高於你，聰明遠多於你，能力遠大於你的存在形成一種概念。

當你試圖想像這靈魂深處的對話，與更具力量的那部分靈魂之間的對話，想像下磨坊主人的女兒，在無法將稻草織成為金子時，在發現了小矮人這個忠誠的協助者時那兩種不同的體驗，那麼你就完全可以將其捕捉到這則童話的精妙之處。即使我們清楚了這個故事是起源於我們靈魂的深處，卻依然不可以將這些影像散發出來的芳香的氣息吹散。讓我們再來看另外一個故事。請原諒我，假如這則故事帶有某種個人色彩，那是因為我並不想用這個故事來影射某個人。那麼我就增加一段小小

的個人說明，這樣也會更加明白些。

在人類的靈魂深處，隱藏著童話的泉源，童話的氣氛，還有與之相關的童話的詩學！這些簡單的影像都是故事的一些外在事件，然而卻用來形容人類的靈魂體驗；這些簡單的影像來源於靈魂，並且又滋潤著靈魂。我們與這類的經驗的距離已經非常遙遠了，這也是不爭的事實，但是我們依然可以從童話的影像之中感覺到那迴盪著的靈魂之聲。

我在講述「神祕科學」的時候，曾經對這個世界的進化過程有著詳細的描述。在此我不想贅述 —— 或許在其他的場合我會再來討論這個話題。在世界進化的過程當中，地球作為宇宙中的一個行星，經歷了不同的階段，這些階段能夠與人類個體生命的階段進行類比。個體從一個生命階段進化至另外一個生命階段，地球則也具有不一樣的行星階段。在精神科學中，人類所討論的地球是指現在這個「地球」概念出現之前的地球 —— 即在此之前經歷了「月亮」與「太陽」階段的地球。在最原始的時候，太陽是一顆行星，而且是地球發展的前一階段。那時原始的太陽還與地球相互連接，在之後的階段裡，太陽從中分離出去。月亮也從最初的太陽中分離出去。人類現在的太陽已經不是最初的太陽，而僅是最初的太陽的一部分。精神科學能夠追溯到地球的進化階段，第二個太陽，即人類今天的太陽，並且在宇宙裡面作為一個獨立體發展的階段。當精神科學在感官當中找尋那時的遺跡時，只不過發現了從低等動物到高等魚類的存在。

你們可以在我的書裡讀到更多的細節。透過精神研究這種

科學的方式方法，可以發現很多確切的細節。這些細節被發現的時候，我就將它們一一記錄下來（更準確的說，只有當我將它們一一記錄下來的時候，它們才可以說是被我真正的發現了，也可以這樣說，它們只會因我而存在。）下面的這則童話對於我來說也是非常陌生的，這時我想將一點個人的說明加入其中。直到最近，馮特[7]《民間文學心理要素》這本書裡的這個故事才被我發現，然後才去追溯它的來歷。

在敘述這則故事的概況之前，我想說的是：精神研究顯示，在精神世界所發現的任何事實都與人類的靈魂息息相關。然而這些事實又只存在於精神世界當中，在其他地方它是不存在的。我們靈魂最深處與這個世界的關係最為密切。世界對我們而言可以說是觸手可及；當我們用正常的狀態進入到睡眠狀態的時候，我們就會在沒有意識的狀態下進入到那個世界。在我們與世界的連結中，在我們的靈魂深處，存在著不只是睡覺時才能獲得的體驗，還有能夠描繪這個世界進化過程的體驗。我們可以這樣認為，靈魂在沒有意識的情況下，了解了自己所經歷的進化過程，從最原始的太陽，到自己的孩子，也就是我們現在天空中閃耀著的太陽，再到月亮，它也是最原始的太陽的孩子之一。更確切的講，靈魂能夠窺視到它曾經在那段時間的存在形式，那時它還並沒有與地球上的任何物質發生關聯。它能夠俯視地球上面所發生的一切事情。例如，當現在的太陽

7　馮特（Wilhelm Maximilian Wundt，西元 1832 ～ 1920 年），德國著名心理學家、生理學家兼哲學家，心理學發展史上的開創性人物。他被普遍公認為是實驗心理學和認知心理學的創建人，構造主義的奠基人。

與月亮從地球上分離出去的時候，那時最高等的動物是魚類的祖先。在沒有意識的情況下，靈魂與這些都有著密切的關係。

現在，讓我們來看一下這幾個流傳於原始部落中的民間故事：從前有一個樹脂人。他只能在晚上出來工作。因為如果他在白天出來工作的話，太陽就會晒得他溶化掉。可是，有一天，他竟然在白天就出來了，這是由於他想要捕食一些魚類。啊！這個樹脂人很快就被太陽所溶化了，並且消失了。此時，他的兩個兒子下定決心要報復太陽。他們把弓箭向天空射去。而且他們兩個人順著梯子爬了上去，日復一日，白天連著黑夜。最後，一個兒子變成了太陽，另外一個則變成了月亮。

大家或許都能認識到，透過精神科學研究，能夠清楚的顯示人類的靈魂是如何與這個世界上所有事物產生相互關聯的。靈魂只能透過精神研究的方法才可以被理解，它渴望自身對毫無意識經驗的需求，可以用影像的方式來將其滿足。假如你可以有這種感覺的話，那麼你就能夠感受到，這個故事就如同某種迴響，迴盪著人類對於最初的太陽階段，在地球發展過程中魚類所經歷的階段，以及其後太陽與月亮起源時人類靈魂的體驗。在發表了「精神科學」的觀點後，可以將這樣一則童話發掘出來，對於我個人而言是一件尤為重要的事情。當我看到這個世界的進化過程時，某種感情立刻就會向我奔湧而來，這種情感與我陶醉在這則童話中時所產生的情感是那麼的類似。

讓我們再來看另外一則童話故事，這則童話故事來自於美

拉尼西亞群島[8]。在講故事之前，讓我們先來總結一下，按照精神科學的研究角度，人類的靈魂與現在宇宙之中的任何事物都是密切相關的。靈魂在人類睡覺的時候離開了作為物質的身體，然後完全的與整個宇宙相接。這樣的描繪或許有些過於影像化，可是從精神科學的角度來看，毫無疑問這是一件確鑿無疑的事情。我們能夠透過觀察植物來回顧或者理解自我與宇宙間，或者至少與宇宙間一些重要的東西之間的關聯。只有當來自太陽的光與熱被輸送給植物的時候，植物才可以正常生長。精神科學告訴我們，植物之所以能夠根植於大地當中，是由於物質的身體與生命體相互交織而形成的。但是，這還不夠，如果要讓植物茂盛的生長，那麼植物一定要把來自太陽的、照射在它們身體上面的能量化為己用。

　　觀察一下人在睡眠狀態下的身體情況，我們能夠發現，人類與植物具有一些相似性。人類處於沉睡狀態下的身體就如同某種植物一樣，在人類身體內，有著與植物相同的生命力。然而人類已經從宇宙的秩序中被解放了出來，而植物卻依舊存在於宇宙的秩序中。一株植物必須依靠太陽的照射，才可以蓬勃生長。因此，植物是寄託在外在的宇宙秩序中的，但是人類並非這樣。我們人類為什麼不是這樣呢？這是由於精神科學發現了一個事實：人類的自我，處於睡眠狀態時就會如同植物一樣，與物質的身體分離開來，然後再對這具身體進行工作，就

8　美拉尼西亞群島（Melanesia），太平洋三大島群之一（其餘兩個為密克羅尼西亞和波里尼西亞），意為「黑人群島」。由俾斯麥群島、索羅門群島、新赫布里底群島、新喀里多尼亞群島、斐濟群島等組成。陸地總面積約15.5 萬平方公里。

如同太陽對植物進行的光合作用的工作一樣。太陽把它的光芒照射在植物的身體上，人類的靈魂同樣也會發出光芒，這光芒將會在睡眠狀態下的人類的身體上發揮作用。人類的自我與太陽的生命密切相關，人類自身對於如同植物一樣的物質身體而言，也擁有某種太陽的意義。在睡眠狀態下，可以促進身體的成長，修復在白天時所消耗的各種力量。假如可以看到這些，我們就會了解到我們的自我與太陽是如何的相像。隨著太陽在天空中的運行 —— 我所指的是太陽可見的運行，太陽光的作用同樣也會隨著它在黃道十二星座的運行而產生變化。當然，精神科學也會更加明白的告訴我們，人類的自我同樣也會經歷不同的階段，這些階段會對物質身體產生不同的作用。在精神科學的幫助下，我們看到，不管太陽是在牡羊座附近運行還是在金牛座附近運行，或者是在任何其他的星座附近運行，它都會對地球產生一定的影響。與其抽象的來說太陽，倒不如具體的來說說太陽到底位處於十二星座的哪個星座，這樣我們就能夠清楚太陽與不斷發生變化的自我之間的關聯。

我所說的這些，在「精神科學」的範疇內還有更多的表述，我們能將它當作是一種和精神有關的知識來進行學習並將其掌握。對我們而言，這些都在沒有意識的情況下在靈魂深處發生著，且與活躍在植物，以及星座當中的精神力量密切相關。

讓我們將這些在精神科學範圍內中所發現的與宇宙的祕密有關的事情，和下面的美拉尼西亞的故事來進行一下對比。我簡明扼要的概括一下這個故事。

在道路的中間有一塊大石頭。這塊大石頭是誇特爾的媽媽，誇特爾還有十一個弟兄。在誇特爾與他的十一個弟兄被創造出來之後，誇特爾便開始創造這個世界。可是在誇特爾所創造出來的世界沒有白晝與黑夜的變化。這時，誇特爾聽說有一個島嶼，在那裡白晝與黑夜是輪流進行的。於是，他就跋山涉水去了那個島嶼，然後把那個島嶼上面的許多東西都帶回了自己的國度當中。他所帶回來的這些東西的力量，讓誇特爾的國度的萬物都有了睡眠與醒來的交替，同時太陽的升起與落下也隨之發生了。

這則故事十分神奇。假如你讀到過這個完整的故事，那麼你就會發現在這則故事當中的每一個句子，與宇宙的祕密都有著相同的震動，就好比當我們的靈魂深處在聽見精神科學把這些祕密描述出來的時候一樣，也會發出相同的震動。的確是這樣：童話的泉源，童話的氣氛還有與童話相關的詩學都深刻的藏匿在人類的靈魂深處！這些故事的影像都是一些簡單的外在事件，卻能夠描繪出人類的靈魂體驗；這些影像不僅來自於靈魂並且滋潤著靈魂。我們與這樣的經驗已經迥然不同，這也是事實，然而我們依然可以從童話的影像之中感覺到那迴盪著的靈魂之聲。

講了這麼多之後，當我們發覺那些最輝煌，最具有特性的童話，全部都來自於人類還擁有洞察力的早期時代，對此我們再也不會感覺到有任何的訝異了。也正是因為這樣，童話存在於更加靠近精神資源的位置，例如：東方或者印度，所呈現出來的童話所具有特色與西方世界呈現出的特色完全不一樣，因

此也就沒什麼令人感到奇怪的了。

在德國，我們擁有雅各布（Jacob Ludwig Carl Grimm）與威廉（Wilhelm Carl Grimm）兄弟的《格林童話》，書中的童話都是雅各布與威廉從他們的親戚，或者是生活在鄉村這種單純環境中的人們的口中收集來的。這些故事使我們想起了歐洲古代的英雄們。然而就算這些童話中包括了許多英雄以及眾神的非常精彩的故事，但是我們也會發覺當中有些極其重要的童話所發生的年代要比英雄時代更為久遠，並且不會讓我們感到有絲毫奇怪的地方。英雄的故事歸根究柢就是在表述某個人在他生命的某一時期內所經歷過的異於常人的挫折，然而童話的內容卻與每一個作為個體的人從出生到死亡的任何一個生命階段密切相關。然後我們就可以知道童話是怎樣切入到靈魂的深層進行體驗的 —— 感覺自己面對大自然所擁有的力量時那種孤立無助，但是靈魂同時也具有一種確認作用，它十分清楚在自身當中存在著一種甚至可以超越大自然的力量，靈魂可與從這樣的確認中得到撫慰。

當你可以理解這些的時候，你就會知道為什麼在故事中會有如此多的巨人出現。事實上，這些巨人的出現幾乎都象徵著人的靈魂的覺醒。靈魂渴望進入身體內部，渴望獲得「強大的」自然的力量。靈魂需要經歷的戰鬥以及人們需要與巨人之間進行的戰鬥是相互呼應的，當靈魂意識到當它遇到與巨人之間正在發生戰鬥時，它唯一能占上風的就是 —— 智慧。靈魂是如此考慮的：雖然能夠進入到自己的身體內部，但是對於其中存在的像宇宙一樣的強大力量，卻無力做什麼。然而，有一

樣東西是它所具有、而巨人不具備的，那就是理性！是智慧！當我們的靈魂認識到自身的力量非常渺小時，它就會在沒有意識的情況下開始這樣的思考。處於這種情形下的靈魂，我們能用下面的故事來進行描繪：

一個人正走在路上，他走進了一家小旅館，想喝一碗牛奶。但是他看到有很多嗡嗡作響的蒼蠅飛在盛有牛奶的碗的四周；甚至有些蒼蠅已經掉進了碗裡，然後有些蒼蠅被他拍死了。當桌子上面被拍死的蒼蠅達到一百隻的時候，他便開始十分得意的吹噓「我可以一下打死一百個！」小旅館的主人就把一塊牌子掛在了這個人的脖子上面，牌子上面寫著：他一下可以打死一百個。

這個人繼續向前面走，來到了一座城堡。剛巧這座城堡的國王從窗戶裡面向外望，正好看到了這個脖子上面掛著牌子的人。國王心想，「這個傢伙倒是可以替我做一些事情！」國王就派人將這個脖子上面掛著牌子的人帶進了城堡，並且派發了一項任務給他。國王說：「總是有一群熊進入我的國家，假如你能夠一下打死一百個，那麼你就一定能夠將這群熊給完全消滅了。」這個人說：「好的，我可以做到！」但是在熊到來之前，他向國王提出了條件，要求國王付給他一定的報酬，以及大量的食物。這是由於，他想如果自己要是真的死了的話，無論如何現在的他還能夠先享受一下生活。最終在熊到來之時，這個人做好了準備，將熊喜愛吃的甜食全部都擺了出來。

熊來了，而且把所有的甜食都吃光了，由於吃得太多，肚子塞得太滿，只能先躺下來睡一會。就在這些熊睡得雷打不動

的時候，這個人走過來把所有的熊都給殺死了。等到國王過來看的時候，此人就對國王講，「在牠們撲向我的時候，我正好把牠們的頭砍了下來！」國王對於這個勇敢的人十分滿意，因此把一個更加艱難的任務派發給了他。國王說：「是這樣的！一些巨人們馬上就要進入我的國家。你一定要幫我將那些巨人們打敗。」此人接受了國王派發給他的這個艱難的任務。等到了時間，他的身邊除了有一塊乳酪與一隻小百靈鳥之外，還隨身攜帶著他所網羅到的大量的美食。自然，他碰到了巨人們，然後就開始向巨人們吹噓自己有多麼強壯。而其中一個巨人說道：「那你向我們展示一下你究竟有多強壯！」說話的同時，這個巨人將一塊石頭撿了起來，並且把這塊石頭給捏成了粉末。「小個子，假如你真的像你自己所講的那樣的強壯的話，就試著這樣做。」另外一個巨人則將一枝箭射向了天空，射得是那麼的遙遠，很久之後，這枝箭才落了下來。「小個子，假如你真的像你自己所講的那樣的強壯的話，就試著這樣做。」此時，這個「一下可以打死一百個」的人向這些巨人說：「我可以做的事情遠比這些事情更厲害！」他隨意撿起一塊石頭，並將隨身攜帶的乳酪黏在了這塊石頭上面，說：「巨人們，你們看著，我可以把這塊石頭裡的水擠出來！」當然了，他用力擠那塊石頭的同時，水自然也就從乳酪之中淌了出來。此時，這些巨人們感到十分的驚訝。然後這個人偷偷把那隻百靈鳥拿了出來，並且在射箭的時候讓百靈鳥與箭同時向天空飛去，說到：「你們射的箭還會回來，但是我的箭會飛到極高的地方，甚至再也回不來！」當然了，這百靈鳥是不可能會飛回來的。

這些巨人們再次感到吃驚，便決定採用一些計謀來把這個傢伙打敗，因為巨人們認為如果只憑力氣是無法打敗這個傢伙的。然而即使是使用計謀，巨人們也沒能得償所願，這是由於這個傢伙確實比巨人們更聰明。因此這些巨人們便躺下來睡覺。黑暗中，這個人將一個豬膀胱帶在了頭上，並且這是一個吹了氣的，裝滿了血的豬膀胱。此時，這些巨人們互相轉告：「在這個人清醒的時候，我們是沒有辦法將其戰勝的，所以只能等到他睡著之後，將其殺死。」當這個人睡著了以後，這些巨人們就向這個人的頭部發起猛烈的攻擊，然後豬膀胱被打破了，裡面裝的血也隨之噴湧而出；此時巨人們確信這個人一定死了。於是便躺下來穩穩當當的睡覺了，然後 —— 這個人非常輕鬆的把這些巨人全都殺死了。

猶如某種夢境一樣，童話故事也是以一種朦朧的、而且令人不太滿意的形式結束的；但是我們的的確確在其中發現了自然的力量與人類靈魂之間的矛盾，開始是與「熊」，之後是與「巨人」。然而這則故事之中還有更多其他的東西。這個「一下可以打死一百個」的人是如此聰明，我們能夠感受到在我們毫無意識的靈魂深處，我們對他所具備的智慧是有一種絕對的信賴的，縱然是在面對強大的力量時，他也可以表現得十分沉著。對於用這樣的藝術方式所創造出來的故事，對其進行籠統說明的做法是不合適的，也並不是我想在這裡表達的。假如你可以感覺到童話是與我們內在精神的過程是互相呼應的，那麼任何事物都不可以將童話的特質破壞。你會一而再、再而三的與這種內在精神的過程相遇，並能感覺到它們的存在 —— 無

論一個人對於這種內在精神的過程有多少的了解。童話用一種最根本的、最原始的方式讓我們再次感受到了這種體驗。

對於精神研究者而言，在童話中發現了人類靈魂的需求，這是一件非常令人激動的事情。童話的氣氛是永遠不會被任何事物所破壞的。那些可以在人類沒有意識的生活中找到童話泉源的精神研究者會發現這樣一件事：假如用籠統的形式來描繪這樣的意識，那麼其中有些事物就會被弱化。對於靈魂的經驗而言，最完美的描述就是童話本身。這樣人們就能夠懂得，歌德為什麼要在他所講述的那個綠蛇和莉莉的故事裡，使用大量動人的如同影像一樣的語言來描述生命的經驗，但是席勒卻使用了一種抽象的，邏輯的術語來表述。應該說，歌德更想透過一種影像的形式來表達出他對人類生活中無意識基礎的、最深遠的洞見。

童話屬於我們最內在的情感與情緒生活，以及與此相關的一切事情，所以在一切的文學形式當中，對孩子的心靈與心智而言，童話是最合適不過的。童話可以把最充裕的精神智慧與最簡潔的表述形式相互結合。人們能夠感覺到，在藝術的世界中，再沒有任何事物會比童話更加偉大，儘管它來自於不可知的靈魂深處，但是卻通向了那充滿魅力的，且往往是有意思的故事之中。

當最難以令人明白的事物可以用一目了然的方式進行表達時，歸根究柢這就是偉大藝術的形成過程，它是人類的本能藝術，它是屬於人類最根本層面的藝術。孩子的天性是用這樣原始的方法與整個世界進行相互連接，孩子的心靈必須要有

童話的滋養。在孩子的身上，精神力量的表達會越發的自由。假如不想讓孩子靈性的狀態被打攪到，不想讓靈性的狀態變得乾涸，而是想一直讓靈性的狀態與人類生活深處的基礎相互連接，那麼就不要讓抽象的，以及理論性的概念困擾著孩子。

所以，我們要利用一切可以把宇宙生活和人類生活連結起來的方法，為孩子提供滋養，對於他來說，這就是最好的祝福。孩子需要去進行創造性的工作，讓他的自身變得更完美，讓身體茁壯成長，而且他內在的個性也可以得到發展；孩子非常需要童話的滋養，在這些故事中，孩子的根本與整個世界互相連接。就算是我們這些具有智慧和理智的成人，也不可能讓這種關聯斷開；在不同的生活階段，只要我們擁有健康的，開放的心智，那麼我們就會愉悅的進入童話生活。在人的一生中，沒有任何一個年齡或者階段是需要我們遠離童話的，假如這樣的話，我們可能把我們天性中最深刻的，最重要的一部分放棄；我們放棄的是智慧無法理解的：一種我們內在的感受，一種單純的在童話中獲得的感覺，一種童話所充斥的不需要任何技藝的原始氣氛。

格林兄弟，以及像他們這樣的童話收集者，他們花費了很多年的時間才把這些從民間傳統中收集到的、起碼已經文明化的童話帶給整個世界。縱然沒有精神科學的協助，他們也能夠全心全力的投入到這些童話裡面生活，他們堅信自己所給予人類的，是屬於人類的天性、而且是最本能的一部分。當你清楚了這一點之後，你就可以理解在一百年前那個理性的年代，讓成年人，甚至是孩子都要遠離童話是多麼不可思議的一件事。

但是現在事情正在逐漸發生變化。類似格林兄弟這樣的童話收集者，已經為所有通向這個世界的人們尋找到了一條道路；這些童話已經變成了所有孩子的財富與寶藏，沒錯，就是我們心靈的財富與寶藏。當精神科學不再只是被視為一種理論，而是靈魂之中所充斥著的某種氣氛時，這一點會變得特別明顯。到了那時，人們就會將靈魂引向它的精神深處。

歸納一下精神科學於今天對童話的解釋。一個喜歡童話的朋友在他的講座上面，用具有詩意與魅力的言語對童話進行歌頌。他明白應怎樣去收集這些童話，並且知道這些童話的價值所在。接下來，讓我們來引用一段他的文字作為結束語：

「童話就像一個美麗的天使，在從出生到死亡的這場人生之旅中，一直陪伴在我們身邊，是我們這場人生之旅中值得信賴的同盟和朋友，是給予我們天使般撫慰的陪伴者，這樣，我們的生活本身也就變成了一個真正的童話！」

第二部分：
孩子成長的力量

以精神科學研究教育的基礎

與精神合作

今天在這裡向大家介紹的是教育的基礎，這是透過精神科學獲得的一種認知。我本人將這種認知的推廣和應用當成了人生中的一件大事。原本，我只不過是為了了解它而去進行發揮與研究，但到了後來，一些朋友想透過它來讓我們的生活變得更加完善。例如默特先生就想透過這些精神科學的認知來讓我們的教育變得更加完善，因此創辦了第一所華德福學校。在華德福學校裡，我們可以根據精神科學的認知，來提供這個時代以及人類發展過程中所需要的東西。在這裡，我們所進行的教育的基礎是對於人類的認知，它包括了人從出生到死亡的整個過程，當然包括了在人類生活中發揮著重要作用的精神力量。

對當今人類思想狀態產生作用的因素可以分成兩部分。一部分是按照傳統形成的價值觀，另一部分是現代發展起來的自然科學。自然科學讓我們認識了作為物質的身體，包括身體生理上的功能以及變化過程。但是，單靠測量的自然科學無法讓我們觀察到人體內發揮作用的心理及精神上的變化。我並沒有說自然科學是不好的。在觀察這個世界的時候，我們有必要透過物質的角度來進行，無須考慮物質是否能夠發揮精神上的影響。

但是，這兩部分的因素都無法為我們安排實際生活提供直

接的幫助。依靠傳統形成的價值觀也無法讓我們獲得足夠的認知。倘若一個人真的想了解一個人死去以後的狀態或是永恆的精神力量，那麼這種傳統的價值觀也是沒有辦法給他一個肯定的答案的。假如一個人向另一個勇於對自己身體做出肯定的人發問：「物質世界存在的基礎是什麼呢？」那麼我們只能靠想像來描繪自己出生以前和死去以後的情景，並且將它當成一種規律。如果我們相信了這些想像出來的情景，那麼我們就可以獲得安慰，但是這也只是「相信」。而現代自然科學對於物質形成的一整套解釋的理論對那些普通人而言也是「相信」。它們都無法讓我們找到實際生活中的更恰當的方法。儘管我們知道人的世界觀與自然科學所蘊含的道理，但是我們如何根據它們去生活和工作呢？我認為我們已經失去了這種能力。

從合作的角度來說，最需要與精神力量建立關係的專業應該是教育。老師們所培養的學生，在身體、心理、精神等方面都應該是健全的。因此老師們其實更需要與精神力量建立合作關係。

目前，人類已經透過研究自然科學獲得了對物質的深刻理解，並由此形成了一種新的主義——物質主義，因此現在我們更需要和精神的力量進行合作。怎樣才能確保將來建立的機構與制度不像現在這麼糟糕呢？將來最主要的社會問題就是教育問題。我們需要在精神的基礎上去教育人和培養人。精神是教育的基礎，需要在生活中各式各樣的做法上發揮作用。倘若用精神科學的方法去觀察一個孩子，我們便能夠見證一個物質被精神力量塑造的過程：剛剛出生的孩子，他們的大腦一片

空白，就如同為雕塑者準備的用於雕塑的原料。等到這個孩子長到 7 歲，我們再去觀察他的大腦，便發現它已經變成了一件「藝術品」—— 但是這件「藝術品」還沒有完成，還需要繼續進行「雕塑」的。而用來「雕塑」的工具，正是那種精神的力量，而老師們也需要跟這些力量建立緊密的合作。為了更好的合作，我們不能只看物質的原料，也需要關注精神力量對原本無意識的物質進行「雕塑」的過程。為了更好的展開教育，老師們不但要通曉精神力量的原理，而且需要在這種原理或力量的支配下去發揮自己的意志、按照統一的步驟去做。為了做到這一點，接下來我想向大家介紹一些這方面的基礎知識。

人的不同發展階段

我們應該在觀察的過程中去體會孩子在每個階段所獲得的不同程度的發展。我們要提出這樣一個問題：剛剛出生的嬰兒每天的睡眠時間差不多有 22 個小時，在他的精神與肉體之間，到底存在著什麼樣的關聯呢？現代自然科學與社會心理學只能夠對我們陳述這樣一種觀點：孩子的內心世界是看不到的。但是，精神科學就不會認為人類的感覺才能與認知程度是有限的。精神科學讓我們明白：人類可以充分利用自己的直覺，就如同我們運用自己的耳、鼻、眼、手、口等感覺器官一樣，因此我們是有能力對整個人 —— 包括他的身體、心理、精神進行觀察的。所以，我第一個要介紹的就是怎樣發揮和使用這種直覺能力。

事實上，只要我們不帶著任何偏見去觀察孩子，便已經將

這種能力發揮出來了。

如果從孩子的外表來判斷，他的發展應該是均衡的。但是對一個可以看到心理與精神的人而言，0 歲到 6 歲的孩子、7 歲到 13 歲處於換牙期的孩子，以及 14 歲到 20 歲性徵發育成熟的孩子，三者是根本不一樣的。如果我們去觀察精神的力量是如何在不同階段的孩子身上發揮作用的，我們便能夠破解很多的祕密。例如，孩子在 0 歲到 6 歲的階段中發揮作用最多的是語言能力。很多人都在研究孩子的語言學習能力、對於周圍環境中聲音的接受能力以及其他能夠讓孩子願意學習的因素。實際上，這個階段的孩子在語言學習方面以及其他所有的學習都是對周圍環境的模仿 —— 對他在無意識狀態下在周圍環境裡所看到的東西進行模仿。

孩子在 7 歲以前會不停的模仿自己感覺器官所接觸到的一切事物。只要聽到任何的聲音或是看見任何的動作，他就會在內心產生一種在模仿過程中去感受的衝動。

只有將孩子看成一個整體的感覺器官，我們才可以明白 0 歲到 6 歲的孩子為什麼會這麼做。孩子的血液在他體內流動的速度要比成年人快得多。因為孩子的血液能夠比他的神經發揮更加強大的作用，由此才能發展他的感知能力。但是在這個發展過程中，感覺器官中的神經所發揮的作用會逐漸超過血液所發揮的作用。因為孩子整體就像一個感覺器官一樣去接受並且模仿他感受到的所有印象，但他不能一下子接受太多的印象，所以需要透過長時間的睡眠來恢復。在他不睡覺的時候，他會觀察並且在內心去模仿一切印象，而他的語言能力便是透過這

種內心的模仿逐漸產生的。

透過精神科學，我們可以觀察到這些情況，這也是現代的自然科學能夠完全予以證明的。自然科學所研究的重點在於，孩子的語言學習能力是透過左腦形成，而左腦的結構則是伴隨著語言的學習逐漸形成的。人的右腦能夠表達出各式各樣的動作，再加上血液、神經和大腦的合力，共同在模仿過程中形成了孩子的語言能力。而研究發現，如果孩子更喜歡使用左手，那麼他的語言能力與喜歡使用右手的孩子是不一樣的。這也可以證明，手的使用對語言能力的培養也能夠發揮作用。

實際上，孩子這種如同整體感覺器官一樣的特點並非被動，而是主動且全面進行的。孩子的整體就像一雙眼睛一樣觀察著周圍的環境。眼睛長在頭的中間偏上的位置，而且還長在正面，這樣就能夠讓它更好的觀察外部環境。孩子就如這雙眼睛一樣，他可以完全的了解外部生活的印象，但還無法感知自己的內心世界。

而成年人所擁有的現代智力的認知，完全是透過內心來發揮作用的。我們認為透過這種方式就可以了解外部世界。但是，這些只承認邏輯思考的認知只能夠在我們的內心存在。這樣的話，我們就永遠無法理解孩子是如何像一個感覺器官一樣融入外部世界的。只有從自身脫離，並且融入外部世界的認知，才可以了解孩子，而這種認知從特性上來說更像是一種直覺，它與自己內心的邏輯思考完全不同。我們的精神能夠以直覺的形式融入到生命的本源。只有擁有了這樣的直覺，我們才可以在實際生活中與這些屬於生命的力量展開合作。

7 歲到 13 歲的孩子處於換牙期，在這個階段，他的新牙會替代原本透過遺傳所獲得的牙齒，這個階段的孩子已經不再像一個感覺器官一樣去感知外部世界，而是更多的具有了心理感知的能力。而他所接受的情感則更多的屬於在對環境進行觀察的過程中就已經包含在內的。此時，孩子需要依賴權威的引導。7 歲到 13 歲的孩子還無法對成年人所說的話進行準確的判斷。如果強迫處於 7 歲到 13 歲的孩子去判斷我們說話的真正用意，那麼就等於過早的讓他發揮了以後才需要發揮的能力。對於 7 歲到 13 歲的孩子，根據他們的特點，我們對他們的要求就是：他需要信任我們，要讓他產生這樣一種感覺：「老師所教給我的事情，是他透過自己與這個世界所建立的連結獲得的。對我這樣一個 7 歲到 13 歲的孩子而言，老師就是我和外部世界的一個介紹人和調解人。」我們只有讓自己變成值得孩子敬重的權威人士，才可以真正成為 7 歲到 13 歲孩子的老師。

因此，在華德福學校，我們都有這樣一種認知：教育的主要問題是，什麼樣的人才可以當「老師」？老師需要具備什麼樣的特點，才可以幫助孩子建立與外部世界的有規律的連結？

原本喜歡行動並且願意接受一切事物的孩子，在他成長的過程中，會逐漸變成什麼樣子呢？孩子到了 7 歲以後，就會擁有心理感知能力。但他到 14 歲以前，仍然不具有精神感知能力，因為他對邏輯思考能力和智力還不重視；如果一個孩子在 14 歲以前就開始重視精神上的邏輯思考能力，那麼他的心理感知能力就會過早的被限定住。根據 7 歲到 13 歲孩子的特點，他們更需要重視的是從內心感知到的情感以及對他們富有愛心

的老師，而非邏輯思考能力，以及透過證據來證明自己的判斷。假如他所學的東西可以包括性格與心理的特點，那便已經非常不錯了。對於這個年齡階段的孩子來說，一個老師比任何的邏輯都更重要。因此，華德福學校的老師需要透過充滿愛心的藝術表演以及帶有藝術氣息的愛心讓孩子去接觸所有外部世界的東西。明白孩子每一個發展階段的特點以及它到底需要什麼，才是教育的根本，也就是教育的基礎。

孩子在 7 歲以前會表現出模仿的特點，7 歲到 13 歲的孩子則表現出了服從的特點：他能夠根據內心所感受到的東西去展現自己的才能。他已經擁有了獨立的感覺器官，因此他也有機會的去塑造自己的內心世界。

還有一種變化我們需要去注意：當孩子到 8 歲、9 歲的時候，便會遇到了一個很難通過的「門檻」，老師們不可能注意不到這個「門檻」。在這時，孩子的心裡會產生這樣一個問題：「我如何才能走進這個世界？」當然，這個問題不應該用這樣的語言來表達，它代表著孩子沒有獲得滿足的一種情感，他想接近一位成年人，因為他會突然產生一種孤獨感。同時，他還會這樣想：「我所尊敬的這位權威為什麼會成為權威？」倘若我們無法在這種時候找到一個恰當的答案，那麼就會對孩子以後的生活造成不利的影響。

在這種時候，我們不應當對孩子的想像力、感受以及意志力確立一個過於死板的概念。我們應該讓 8 歲到 10 歲的孩子看到「生動的」、具有發展和變化的可能性的東西。不要讓他去接觸過於成型的東西，不然的話，就算再過 30 年，他的思

想仍然跟孩子一樣。我們教給孩子的東西必須要具有一些發展和變化的可能性，這樣才能夠豐富孩子的想像力。我們對孩子的教育只能被當作一種「學前教育」、一種準備工作，日後的「生活」才是真正的「學習」。孩子在學校學習的知識和能力，都是為了應對日後的生活考驗。孩子們所接受的知識，有時會在內心產生一種變化，這種變化起初是看不出來的，但是等到他老了以後，這種變化就會顯現出來。我們可以用這樣一個比喻來進行說明：有些成年人用不著說一句話，只要他這個人在那裡，就可以讓身邊人獲得內心的安全感。那麼在這些人小的時候，他們所受的教育又是什麼樣的呢？是這樣的：他們的老師或家長會讓他們去敬畏一些東西。倘若一個孩子能夠產生敬畏之心，那麼等到他長大以後他也仍舊願意放下自己的架子，因此他很自然的就成了權威。

我在這裡所說的一些道理，作為老師，不但要去思考，而且還要讓它們進入自己的軀幹和四肢。換言之，就是老師的實際行動 —— 老師要讓自己的實際行動與精神的力量密切合作。

孩子在 14 歲以後就開始進入性成熟階段，這時他們會試圖讓自己擺脫對於權威的信任，並且想要讓自己與周圍的環境建立一種全新的關係。在這個階段，孩子的精神會逐漸形成，他會主動尋求邏輯思考能力與判斷能力，這讓我們有可能直接去開發和引導他的智力。而當孩子處於 7 歲到 13 歲這個階段時，他們是不需要透過智力去學習的。對於老師所說的話，他們不會按照邏輯去進行思考和分析，他們只是無意識的接受一切，並且讓其在自己的內心形成一種能夠對身體發揮作用的東

西 —— 靈感。我們只有在了解了這種無意識的靈感並且與它建立合作關係之後，才可以去教育 7 歲到 13 歲的孩子。因此，老師們除了要培養對於直覺的認知能力外，還要對靈感有一定的了解。

當孩子長到 14 歲的時候，我們會在他們身上發現一種令人感到奇怪的東西：這個階段的孩子需要從邏輯層面上去理解一些東西，但假如我們採用邏輯方法去解釋問題的時候，他便會覺得索然無味。他只是在那裡聽老師講，但當老師要求他們對所講的內容進行思考時，他就會變得哈欠連連。實際上，在教育 14 歲以上的孩子時，除了要教給他們邏輯思考的能力以外，還需要老師掌握另外一種技能。例如有這樣一位非常專注的學者，他對與自己所研究的東西很感興趣，但是如果讓學生跟著他學習，學生們卻很難產生像他那樣強烈的興趣。因此，對於應當學習邏輯的學生，老師需要具備一種特殊的技能 —— 透過藝術創造來引導學生的想像力。如果能夠讓老師傳授給學生的內容變成一種帶有藝術性的、可以反映整個世界、可以反映人生價值及意義、具有象徵性的東西，那麼學生就可以自己進行邏輯思考，並且慢慢產生興趣。

接下來我要說的，是可以讓老師們獲得悟性、靈感以及直覺的技能 —— 不僅可以讓我們去思考精神層面的東西，而且還能讓我們與精神建立合作。

精神和心理到底如何區分？

有些人可能不明白我在前面所說的「精神」和「心理」到底

應該如何區分，因此我先要向你們解釋清楚。換言之，我要先向你們介紹一些難於思考的概念和想法。然後我再向你們介紹一些實際的例子。

普通人在說到「精神」的時候，首先想到的這個詞的含義並不像精神科學所說的那麼深奧 —— 德語中的「智力」、英語的「mind」也沒有那麼深。我在這裡要說的也並非某些神祕主義者或者某些迷信的人所說的那種「精神」。如果能夠真正的意識到在 7 歲以前孩子身上發揮構造作用的那種力量，那些無法直接觀察到、但是能夠從孩子最自然的反應中觀察到的東西，便是精神和心理。而當我們觀察周圍的自然環境或是成年人時，想要發現精神和心理就沒有那麼容易了。但是當我們觀察剛剛出生的嬰兒時，我們就能夠在嬰兒大腦發育的過程中，在他所有感知器官形成的過程中，發現精神力量和心理力量的存在。雖然我們能夠直接觀察到的只是孩子的身體在發揮作用，但是當我們發現這些的時候，我們卻能夠感受到那種被物質所掩蓋的力量，而實際上真正發揮作用的正是這種力量。

如果需要透過例子來進行說明的話，在我們的語言中，輔音之所以會讓詞語在發音時具有「軟」、「硬」、振動等特點，其實都是透過嘴唇、牙齒與舌頭形成的。但母音就與輔音不一樣，母音是透過不同的換氣方式發出來的。母音就如同語言的「原料」，而輔音則是在對這些「原料」進行「雕塑」。而我們所說的精神就如同負責「雕塑」工作的輔音，心理則像母音一樣屬於「原料」。當孩子學會說「A」的時候，他對於「A」的感覺可能是驚奇 —— 這是心理的一種感受。而在說「E」的時候，

他的感覺則是反感，這也是心理的感受。當孩子說出「媽媽」這個詞的時候，其中的「A」表達的是孩子對媽媽的情感，而「M」這個輔音則表明了他對於媽媽的請求，也就是說他想請求媽媽去做些什麼。不過，我們平時可能都沒有察覺到語言所包含的精神和心理因素 —— 其實不光是語言，就連我們整個人都包含著這些因素。

德語的「智力」、英語的「mind」與「精神」的含義是完全不一樣的，就像我跟鏡子裡的我也是根本不一樣的。儘管鏡子裡的我所做出來的動作跟我本人是完全一致的，但它也不是我本人，它只是一個影像，我才是真的我。精神在發揮作用的時候都是隱藏起來的，但智力卻能夠像鏡子一樣反射出精神的影像，智力就是精神的影像。智力可以反映出精神的活動，兩者的區別在於智力是被動的，而精神則是主動的。精神的力量是一種創造的力量，而智力則恰恰相反，它是精神的表象、是精神的外在反映、是完全處於被動狀態的。如果智力也能夠主動採取行動，那麼我們便無法認識這個世界了。只有不能主動採取行動的才能去做反映的工作。因此，假如想什麼是精神，我們就不能只看它的影像 —— 智力，而應該去觀察真正發揮創造作用的那種力量。

平時我們所能看到的精神，只不過是精神的影像，即智力和理智罷了。平時我們所見到的心理，只不過是心理的作用和外在反應，它們並非不是心理本身。正如我們產生的渴望、同感、反感、情緒……都是心理作用下產生的種種反應，那並非心理本身。為了弄明白心理到底是什麼，我們需要對內心的感

受以及產生這種感受的力量進行區分。這就像有人看見我們在地上留下了一個腳印，他非要說是地球內部的某種力量讓地面產生了這種變化。事實上，不會有人說出這種愚蠢的話。自然科學的研究顯示：人類在大腦表面會產生皺紋（正如上面所說的「腳印」），讓大腦形成了情感的烙印。自然科學在研究心理時還會這樣說：大腦中的某種力量促使這些皺紋出現。這些說法都是不對的。事實上，是心理發揮作用使大腦的表面形成了這些「腳印」，而且正是由於心理發揮作用所形成的「腳印」，我們才產生了感受。心理也是隱藏著發揮作用的，但是它卻能夠讓我們的身體形成某種反應。倘若心理在我們的身體上留下了很深的「腳印」，我們便會產生疼痛的感覺。雖然我們無法察覺到對身體物質產生影響並造成心理感受的那種力量，但是我們可以感受到這種力量所造成的渴望、情緒、同感等感覺。

我們平時看到的，都是精神的影像以及心理作用所產生的反應。

找到精神的方法

在此，為了讓大家更明白的理解，我想介紹一些歷史上人類用來尋找精神的方法。有些人經常會在這一點上對我產生誤解：我在這裡介紹這些，並不意味著我要求大家去使用古代的方法，只不過這麼做能夠更容易、更清楚的明白什麼樣的方法是適合現代人的。現代人不能使用古代的方法，但是透過比較，我們能夠更明白什麼樣的方法適合智力更加發達的現代人。現代人如果想要弄明白一件事情，可以透過智力進行思

第二部分：孩子成長的力量

考；如果想要了解大自然的奧祕，可以去做實驗並且發揮自己的智力進行思考。但是古代人想要獲得這方面的認知，他們就會使用不一樣的方法 —— 比如練瑜珈就是古代人尋找精神認知的一種方法。

在古代，人們在練瑜珈的時候會對自己說：「我們無法透過行動來找到精神的力量，我們要尋找的是一種主動行動的方法，不能總是被動的接受各種變化。」因此古代人在練瑜珈的時候不是靠著頭腦的反應，而是透過一種更實際、更容易感受到的過程來實現的，這個過程就是呼吸。一個人從出生到死亡，需要一刻不停的呼吸，呼吸的空氣會經過他的脊髓、骨頭進入到大腦中，讓大腦伴隨著呼吸不斷的運動。這個過程是自然發生的、是一種無意識的行為，但是練功的人卻需要有意識的去感受這個過程。為了感受得更加清楚、真切，練功的人會故意使用不一樣的呼吸方式。這樣他就能夠感覺到呼吸和思考共同引發的物質上的變化過程、然後再透過呼吸將思考的過程傳播開來，最後由精神在四肢和全身發揮作用。如果能夠做到這一點，精神和思考就不再是一種抽象的思維邏輯，而是一種在身體裡充滿了的、隨時可以感受到的力量。

在現代，擁有了智力才能的人所表現出來的精神，也不過是一種被動的精神的影像，因此我們沒有辦法去練功。古代人之所以能夠在感受中獲得認知，是因為他沒有將思考與人體的感受分離開來。現代人比古代人的進步之處在於：可以將思考與身體的感受分開，進而形成一種全新的、完全獨立的象徵意識。只有擁有了這樣的智力以及獨立的象徵意識，我們才能夠

在自然科學去發明創造，才能讓現代社會獲得發展。人類所需要的就是這樣的發展，我們已經無法再回到古代那種狀態。因此現代人在尋找精神時所需要使用的方法也是不一樣的，現代人更加注重精神層面。當然，適合現代人使用的方法也不是那麼讓人感覺到舒服，因為我們首先要明白「智力是精神的影像」這個道理。現代人首先要明白一件會讓自己感到痛苦的事情：我們的邏輯思考無法直接融入觀察的過程，只能以精神的影像的形式存在。

　　看上去，我所說的並非什麼重要的事情，但其實上這是一種非常重要的感受。假如人們意識到自己所有透過智力進行的思考和想像都不是真實存在的、都是一種影像，就會有一種軟弱無能的感覺，一種面對現實的軟弱無能。這種感覺會成為精神認知的開端。練瑜珈的人在一呼一吸間去體會自己身體內部的感覺，而我們現代人則需要在這種軟弱無能的感覺中放棄自己，然後在外部的環境中去尋找對於精神的認知。如果能夠接受這樣的事實，我們就能夠從軟弱無能的感覺中被驚醒，進而認識到精神力量在自己體內的創造。這就是讓自己的感受進入外部世界的一種過程，真正讓我們獲得的並非抽象的概念，而是一種具有活力、被藝術創造所引導的想像。如果組成這個世界的並非抽象的思考，而是某種「藝術品」的話，那麼我們只有透過藝術創造的方式才能真正理解它。那麼，我們也就能夠感受到對 7 歲以前的孩子發揮「雕塑」作用的那種力量了。

　　你們一定會這樣想：「但是並非所有老師都擁有這種直覺能力！」這個問題在我看來其實並不重要。我們只要有幾位老

師擁有這種直覺就足夠了。其他老師可以透過自己的邏輯思考能力對那幾位老師研究出來的東西進行理解就足夠了。實際上，我們在很多方面都可以利用精神科學的研究成果。在這裡可以舉一個例子：在對 8 歲到 9 歲的孩子介紹人死了後「精神不死」的時候，假如透過哲學的方式進行說明，那麼孩子便無法聽懂、也無法接受。但如果對他說：「你看看蝴蝶破繭而出的樣子。」這就能夠形象的說明問題。當我們死去的時候，失去了物質載體的精神會像蝴蝶一樣從物質 —— 繭中分離出來。

有些老師在教學過程中使用了這個比喻之後，就能夠讓學生產生很深刻的感受，但另外一些老師使用同樣的比喻卻沒能為學生帶來任何的改變。這是什麼原因呢？因為後者在智力上過於聰明，他總是對自己說：「我為什麼要去相信這樣的比喻呢？我是一個非常聰明的人，這個比喻只是對學生們說的，他們還很小、很笨，只能透過這個比喻來讓他們明白其中的道理。」「笨」孩子無法對「聰明」的方法感同身受。但前一種老師則會這樣告訴自己：「為了讓我們理解精神不死的含義，大自然為我們提供了這樣的比喻，而非聰明人專門為『笨』孩子創造出來的。」這個老師本身就非常相信自己對學生們講的這個比喻。因為他明白「孩子也有著聰明的精神，不過他的精神暫時還處於沉睡狀態」。孩子能夠接受老師這樣的做法，如果這樣還無法讓孩子們明白這個道理，那麼更多情況下是由於老師太笨了。

假如一個老師這樣想：「孩子的聰明都被隱藏起來了，但我的笨卻顯而易見，我只有跟孩子共同學習，才能變得聰明起

來。」那麼孩子便很容易接受這位老師。第一種老師能夠承認自己不具備直覺能力，但他同樣能夠感受到精神力量所發揮的作用；第二種老師只能代表智力未融入環境的情況下所發揮的作用。第一種老師能夠與精神進行合作。第二種老師依靠智力特地為孩子創造出一個比喻，但他創造的只不過是事實的影像，這種影像是被動的，它無法真正發揮作用。只有精神本身才是一種真正的具有創造性的力量。為了獲得這種能夠發揮作用的精神力量，我們就需要使用某些藝術性的創造手法。

與物質相脫離的方法

這裡我還想向大家介紹另外一種古人用來發現精神力量的方法，那就是讓自己的感受與實際的物質相脫離。與練瑜伽相比，現代人要想使用這種方法就更加不合適了，因為現代人在思想與生活方式等方面已經與古代有了很大的不同。這種方法主要是在短期內讓自己的感受與作為物質的身體斷開，不讓自己的身體發揮任何作用，這樣就可以讓精神的作用在自己的感受中充分發揮出來。具體的方法，就是讓自己的身體遭受痛苦 —— 感覺自己快要死了，然後忍受這一切，卻又不令自己的內心變得激動，透過在物質的身體上承受苦難，以此來磨練自己的內心，但又不讓心理的感受參與到自己身體所受的痛苦中來。身體對內心產生的影響越小，精神便能夠對內心發揮出更大的作用，人可以充分感受到這種精神力量的作用。

我想透過下面這種比較，來把這種方法解釋得更明白一些 —— 眼睛是憑藉哪一點成為人與外部世界的「媒介」，使人感

受到光所形成的影像？我認為是由於光具有透明的特點，換言之，眼睛不會在中途截下或者留下什麼。假如是眼睛想要獲得外部世界的影像，它就會因為激動而變得不再透明，無法讓人清楚的看到這些影像。當然，我所說的都不是絕對肯定的，不過大致差不多，眼睛具有透明的特點，這也決定了它不可能是自私的。如果要透過直覺來感受精神的力量，那麼我們就需要讓自己的身體變得跟眼睛一樣「透明」，不要讓它成為我們和精神進行交流時的障礙。

我們不應該在平時的生活中去感受身體的狀況，我不會對這一觀點表示贊成。通常情況下，人的身體一定是自私而且不「透明」的，不然的話人們就很難處理好自己的日常生活。但是在這種普通的狀態下，我們也無法透過直覺來感受到精神的力量，這也是事實。想要透過直覺來獲得古人讓精神與生活和物質身體脫離時的那種感受，現代人是無法做到的，因為現代人只相信完全投入到生活之中並且能夠真正去做事情的人，而現代社會所需要的也正是那些願意融入社會並且改變社會的人。

我們既需要保持一種能夠做事的狀態，但同時也要能夠從精神、心理那裡直接獲得一種「透明度」。對現代人來說，要做到這一點是完全可以的，因為近年來自然科學的發展已經讓我們掌握了足夠多的具體概念以及想法，而且自然科學所培養出來的思考能力，也就是智力，也是一個很重要的基礎，然後，在此基礎之上，我們需要一種可以尋找精神力量的方法。現代人很容易借助智力進行邏輯清晰的思考，只不過這通常是一種抽象的、未能包含真正意義的空想——而非思考。空想

很容易，但是我們真正需要的是既邏輯清晰又包含著真正意義的思考。

　　古代的人會透過一種能夠讓自己處於瀕死狀態的方法去發現精神。對現代人而言，要想發現精神，就需要控制好自己的心理，並且向自己提出這樣一個問題：我所養成的習慣，我的優點和缺點，我的同感和反感分別都是什麼樣的？然後再設想一下：假如有另外一種同感，又會是什麼樣的？倘若將我們現在的樣子與 10 年前的樣子進行比較，我們很明顯就能夠發現兩者之間的變化。這樣的變化是由什麼造成的呢？答案是生活。我們在無意識間讓生活發揮作用，然後改變了自己。在這裡，我們需要做到：有目的的透過自己的意志來控制自己，刻意去做平時生活中就會做的事情。比如可以想像一下 10 年以後我們會變成什麼樣，有什麼樣的脾氣、行為等，然後透過意志強迫自己在 10 年之內真正變成那種樣子，這樣的話，我們等於就透過內心的力量真正做到了古代人需要依靠外部力量才能做到的事情。古代人讓自己的身體變弱，讓他們的意志與認知發揮出了超乎尋常的作用；而我們則要讓自己的意志和思考能力變強，讓它們也可以發揮超乎尋常的作用。

　　上述方法，現代社會的老師們是不需要去練習的，他們透過觀察學生所具有的特點，就足以教會他們如何發現自己的精神了。只不過，現代社會又讓人們產生了這樣的想法：教育是為了讓孩子明白自己學到的所有知識。如果把一切都進行簡化，以便於孩子掌握，看上去似乎獲得了立竿見影的效果，但實際上這麼想的人忽略了人是如何逐步發展的，他們沒有想過

第二部分：孩子成長的力量

這樣一個問題 —— 等到了孩子老了以後，現在帶給孩子的感受會變成什麼樣的。就像下面這個例子：

一個處於 7 歲到 13 歲之間的孩子，他最需要的東西是一個權威的老師，以及老師為他提供的可以相信的實際例子。由於老師可以成為孩子與整個宇宙的連絡人，他就會相信老師教給他的某件事，但是這件事在正處於這個年齡階段的他來說其實是根本不可能理解的。倘若這個孩子只能夠接受自己能夠理解的東西，那麼他在學校所學習的 —— 為了將來的生活所準備的東西就太少了。當這個孩子到了 35 歲那年，突然有一天，他覺得自己現在面臨的某件事情與 8 歲那年老師告訴自己但當時自己並不理解的那件事存在著某種密切的關聯 —— 這是很有可能的。小的時候，他的內心出於對權威的尊重而選擇了相信，但是卻沒能理解。現在他突然間醍醐灌頂、大澈大悟。這種感覺便是精神的力量對生活所發揮的作用。在教育孩子的時候，我們應該想一想，這種力量在 30 年後能夠發揮出什麼樣的作用。

還有之前我們舉過的蝴蝶破繭的那個例子，說實話，這個例子根本就不是一個需要運用邏輯才能理解的比喻，因為按照邏輯的話，它肯定是錯誤的。但是，8 歲的孩子跟哲學家是不一樣的，他最需要的是一種能夠讓他的心理和情感產生感受的象徵。而我們此時要讓他學的東西，與他日後從這種教育中所獲得的的東西，一定是有區別的。我們只要讓教育與學生在這個年齡階段所具有的特點形成合作，那麼學生所得到的東西，便會隨著他的成長不斷發生變化。

思考、感覺（情感）、意志

我覺得，自己可以在 58 歲的時候獲得到這樣一個成為華德福學校領導者的機會，真的是非常幸運。如果這個機會在早些時候找到我，我一定不能像現在一樣爽快的接受，因為以前的我還不敢像最近一段時間這樣去培養一群老師，讓他們了解孩子的天性和特點。老師們要具備這方面所需要的認知——儘管 35 年前我就已經擁有了，但是，這種「精神的認知」與通常人們對於智力的理解是不一樣的。需要透過智力理解的東西，只要在邏輯上理順了，馬上就能夠理解。而精神形成的認知則需要一個人在他漫長的成長過程中逐漸掌握並使用。因此，我在 35 年前產生的一些想法，直到幾年前才發表。為什麼要等這麼長時間呢？因為這些想法需要陪伴一個人走過不同的階段，而且這個人在每個階段從這些想法中所收穫的東西都是不一樣的。

我曾經發表過一篇文章：〈孩子的教育與改革〉。在那篇文章發表前後，我只不過是一個對當時的教育狀況感到不滿的人。因此那時我是沒有能力擔任華德福學校的領導者的，因為要推展華德福學校的工作，尤其需要的就是一群對於人類的天性和發展情況非常了解的老師。這種對於精神的了解要比了解自然科學困難得多。因為如果是自然科學的話，我們很容易就能講清楚人是怎樣逐步進化成高等動物的，但是我們卻不明白人是怎樣一步步獲得發展的。當然，自然科學也非常偉大，但是華德福學校的老師們需要的是對於精神的了解，因為它非

第二部分：孩子成長的力量

常實用、能夠對人類的本質、能夠對每一個孩子發揮出不同的作用。

在此，我想介紹幾個華德福學校的基本教育觀念。7歲時進入學校學習的孩子已經能夠透過心理去感受事物。他們的身體發育在換牙之前基本上已經完成，當然也許有些孩子還沒有完成。等到7歲以後，孩子便需要進行心理方面的引導，讓他們的心理與身體一起變得強壯起來。當孩子進入性成熟階段 —— 我們便不能再稱呼他們為「孩子」，因為在這個階段，他們已經可以自由運用自己的精神。這個順序是：先讓身體發育好，動作協調、靈活；然後讓心理發育好，可以對不同的事物產生不同的感受；最後再發展精神，鍛鍊、提升智力水準。

實際上，精神方面的才能是無法透過教育來提升的，而且它原本也不應該受到拘束和局限，而應該讓它在生活中自由培養。對小學生來說，最需要培養的是心理感受能力，而這種能力主要是在孩子的思考、感覺（情感）、意志等方面展現出來的。假如老師可以理解人的思考、感覺（情感）、意志等方面的情況，那麼他就具備了教育小學生的資格。這也是一個基礎，至於更高的教育能力則是老師們在實際工作過程中在此基礎上慢慢培養出來。現在的心理學往往將思考、感覺（情感）、意志都視為一種與神經有關係的東西。而我在35年前就已經發現，這種觀點是不對的。

事實上，只有成年人在進行思考和想像的時候，才會與神經發生關係。感覺（情感）不會直接與神經產生關係，而是與呼吸、血液流動等有節奏的生理活動有關係。其節奏應該是

1：4 的比例，即呼吸 1 次伴隨著心跳 4 次。這樣的關係使呼吸和血液流動也變成了一個節奏系統。就像思考的物質基礎是神經一樣，感覺（情感）也是建立在這個節奏系統的物質基礎上的。所以感覺（情感）是不會在神經上發揮作用，只有透過想像產生某種感覺（情感）的時候，才能在神經上發揮作用。如果不能明白這一點，我們也就無法弄清楚孩子的臉為什麼會出現紅一陣白一陣的情況，為什麼他們會產生各式各樣的情緒。可以說，內心只有在進行想像的時候才會與神經建立關係。

上面我所說的都是精神科學領域透過直接觀察所得出的研究結論。儘管我們無法用一般的邏輯來證明它們，但只要人們不是故意帶著偏見，大可以將我所說的與自然科學的研究成果進行比較，透過自己的理智做出判斷。過去的 35 年裡，我所做的非常重要的一項工作，就是將自己透過精神科學學到的東西與現代心理學、自然科學的研究成果進行比較，來驗證我的結論與自然科學的研究是否一致。如果沒有進行這樣研究，又或是沒有得出肯定的結論，那麼我現在也不敢這麼說了。

接下來再說說意志。意志與神經也不存在直接的關係，因為它主要跟人體的生理構造與新陳代謝、以及身體的動作有關。新陳代謝意味著營養的消耗，這與人體四肢的動作也有關係。人可以發揮出來的全部意志都能夠引起新陳代謝的過程。但思考則不像意志那樣與新陳代謝關係密切。如果想像自己的意志，這個過程就會被反射到神經，然後讓我們感覺到正在發揮作用的意志，這種作用沒有那麼直接。但是，意志本身卻能夠跟新陳代謝的過程建立直接的關聯。

第二部分：孩子成長的力量

　　這樣，我們就明白了心理與身體之間的作用關係。思考能夠透過物質的神經表現出作用、情感能夠透過有節奏的呼吸和血液流動直接表現出來，而不用透過神經，意志能夠透過新陳代謝的過程以及身體四肢的動作表現出來。理解了這些最基礎的規律，我們就能夠在觀察孩子的時候理解每一個孩子的表現。我們能夠發現一件事情 —— 他們與我在這裡所介紹的成年人的情況並不相同。剛剛出生的孩子，最大的特點在於他們的感覺器官 —— 頭部，因為孩子的頭部比身體的其他部位相比，發育得更為完整。對精神科學而言，最有意思的研究就是，孩子的味覺與成年人不一樣：成年人能夠透過想像與所嘗到的味道建立連結，而剛剛出生的嬰兒則是用自己的全身去品嘗味道。透過全身發揮作用，孩子可以感受到這種味道，但成年人卻把這種感受精簡到了頭部區域。

　　不管我們在孩子的身上觀察到了什麼 —— 要麼是接觸到某種東西時臉色突然變白或變紅、要麼是產生了某種情緒或做出了某種動作，要麼他走路時聲音很重或很輕，只要了解了人體與心理相關的基礎知識，我們就可以確定應當注意哪些事情。從透過孩子的新陳代謝過程、透過孩子的呼吸和血液流動，透過孩子的神經狀態，我們都能夠從中發現孩子的一些祕密。對老師們來說，他們需要學的東西就是觀察，而我所介紹的也正是他們要掌握和實際運用的觀察方法 —— 也可以說是觀察的工具和方法。如果對孩子的成長過程進行密切觀察，老師們就能夠確定適當的教育思想，並為孩子們準備好適合他們成長的課程。

孩子的教育與老師的心情

幼兒的模仿和遺傳

根據我在前面所提到的關於基礎教育的內容，你們可能會覺得我所介紹的教育是那種純粹的精神世界而不依託真實的物質生活的教育。可是實際上並不是這樣的，我所介紹的教育是可以提供給我們最實用的幫助，在生活上和心靈上都能提供助力的。而我們所要研究的答案是能夠幫我們解決這樣的問題 —— 我們怎樣做才能讓孩子們茁壯成長。可能你們會認為這是一種自相矛盾：有科學依據說到孩子在 0 歲到 6 歲的時候主要是注意他們的身體成長嗎？下面，我就詳細的來解答這個疑問。

當代人經常會對教育模式進行改革，可能是因為對現在的狀態不滿意，也可能是對現代教育不滿意，甚至覺得自己就是現代教育模式的受害者。我們一邊在說著自己在教育上受到的傷害，一邊聲稱知道應該怎麼去改革教育，這難道不是一種矛盾嗎？這件事使我感到羞愧，因為我所表達的意思是：「你們，當然也包括我，都沒有受過良好的教育，不過我們卻知道怎樣更好的去教育別人。」這樣看來，矛盾也不是一種矛盾了。就像我們可以去判斷一幅繪畫作品畫得好不好，但是我們並不需要擁有繪畫的技能一樣。其實，不懂得如何教育的人也能感受到教育的好與壞，只是他們怎麼能夠輕率得因為覺得不好，

便一時衝動說要去改革教育？就好像一件作品的欣賞者因為覺得這件作品不好，就要立刻動手幫畫家修改畫稿一樣。有了不滿意的態度還不夠，我們更需要的是一種能夠幫助我們觀察的「工具」。我們不該去影響教育家們的工作，而是要為他們創造出觀察學生所必要的先進技術和「工具」。我接下來要說的就是這些。

可以說，人類的成長離不開天性、遺傳和環境幾方面因素的影響。可是單單這樣說還不夠全面。我們應該知道，人類的思考離不開神經系統、人類的感受（情感）離不開節奏系統、人類的意志離不開新陳代謝的循環系統。這三個方面，每一個方面的發展時段都大不一樣，不同的方面在不同的階段才能得到快速發展。我在前面已經說過，0 歲到 6 歲的孩子就像是人體的一個感覺器官，也就是擁有頭的特點。他的整個發展過程都是從神經系統開始的。接收到的這種來自於神經系統訊號的孩子會在身體裡產生一種意識，一種塑造和形成身體結構的意識和作用。

成年人接收到的影像只能透過感官發揮作用。深入到身體裡的反應還是要依靠內心的作用。比如說，太陽的光亮只能刺激成年人的眼睛，繼續深入到內心的只能依靠人類感受或情感中對於光的想像。可是在孩子的身體裡，血液中的每一個小血球都會感受到光的刺激。這種刺激不是依靠工具可以測量出來的，因為它是生命力的本質一種表現和反映，一種只存在於成年人感覺器官中的本質。

孩子的身體擁有感覺器官的特徵，而成年人感覺器官的特

徵只限於感覺器官內部。因此，一個具有豐富內心世界的成年人在一個剛剛出生、還不具有獨立思想的的孩子身邊，很容易就會影響到孩子的一言一行。比如說在小孩身邊總有一個對任何事情都感到困難和擔心的成年人。他這種狀態很容易就會影響到自己在物質的器官上的表現，如表現出口乾、口苦、呼吸困難的症狀。雖然這些表現不是那麼明顯，不過孩子可能會去模仿成年人在物質上的所有表現。孩子的身體也能夠模仿他在成年人身上所看到的和聽到的一切東西。

　　成年人的內心狀態都會從他的肢體語言中表現出來，而孩子會以整個身心接受並模仿物質上能夠感受到的狀態，並依據這些來安排自身的內部結構。孩子雖然無法理解並接受成年人們擔心的原因，只能模仿這種外在的表現，可是在孩子的敏感神經和感覺器官中，精神的塑造力量會捕捉到模仿的物質狀態，並跟隨這個狀態去塑造孩子的身體結構。比如說，如果媽媽總是帶有擔心的感覺，那麼孩子的整個身體就會形成一種容易感到「擔心」的狀態。

　　7 歲之前其實就是這樣的一種「內戰」。這場「內戰」就是兩大因素的互相爭鬥 —— 遺傳因素和環境模仿因素。在孩子剛出生的時候，遺傳因素占較大比例，可是在 0 歲到 6 歲的成長過程中，環境模仿的因素就會慢慢的戰勝遺傳因素。遺傳因素會慢慢的被時間和經歷所改造，使孩子的感官、內心和精神繼續對外界開放。如果環境模仿因素戰勝不了遺傳的基因，孩子就不會很快的加入新的世界接受新的事物，而只會繼續按照遺傳的、與環境世界有矛盾的特點長大。

第二部分：孩子成長的力量

我們要培養的，是那種遇見新事物立刻就能轉換自己的角色，根據新事物去變換自己的情感並為之改變的人。這樣的人才不會被時代所淘汰，才不會自私與封閉，才會包容開放、與他人合作以致改變世界。

如果我們了解孩子的換牙過程就會知道：孩子的第一套牙齒早晚都會掉落。這是遺傳父母長出的牙齒。第二套牙齒雖然在形態上跟第一套牙齒無明顯區別，可它更加能適應新環境所需要的條件。脫離遺傳因素的換牙過程非常明顯，但其實孩子的整個身體都是要經歷這樣一個蛻變的過程。內心和精神在孩子身體中產生的主要作用也是這個：剛出生的嬰兒身體形態是遺傳於自己父母的，可是在之後的 7 年裡，身體狀態會不斷發生變化，轉換成擁有自身特點的身體形態。如果教育者們不知道整個過程應該是怎樣進行的，他們就很難防止內心精神的力量為孩子換取的身體不會朝向一種跟自然規律相反的、不健康的方向。

世界上最聰明的人永遠不會是老師，因為每個班都會有一些學生青出於藍而勝於藍。如果老師們只教一些自己能理解的內容給這些注定超越自己的學生，我們就約束了這些學生的發展。老師們要在學生身上造就出自己所沒有的能力。就是說，要尊重孩子心中的東西，即使老師自己也無法完全理解這些。在老師傳道、授業、解惑的過程中，我們不能要求學生所有的突出才能都是從我們這裡學習到的。

當然也可能出現相反的情況：成年人通常知道自己該做些什麼，可就是感覺做不到。為什麼呢？如果我們仔細觀察，就

會發現這個規律：是身體的構造、是模仿「擔心」的這種狀態影響並制約了身體的行動。我們身體狀態對於要做的事情感到不習慣。這就是我們小時候老師們的小心翼翼和擔心所造成的結果。他的心情影響了我們，讓我們的身體變成了物質器官的結構。

老師們的職責是，讓 0 歲到 6 歲的孩子的身體盡量健康發育和成長，使他的身體在做精神上想要做的事情時不會受到阻礙。教育者就像花園裡的園丁一樣，他不能直接向植物提供成長的養分，但是可以幫忙除去阻礙植物成長的雜草，即提供便捷的條件。這樣，學生才能展現出自己的才能，而且學生的身體不會變成老師內心的影像。

兒童時期的教育

雖然現在這個物質主義的時代會讓我們發現許多事情的本質和真相，可是它們並沒有在精神上建立關聯，這讓我們喪失了發現的意義。物質主義的科學無法讓我們發現並且看到這種現象所表達的含義，就如同一個人在黑暗中到處摸索，處處碰壁。精神科學就會讓我們發現精神在物質中的形成規律，而它所帶給我們的，不是一種貌似神祕的、有夢想的、只能去依靠的東西，而是形成物質過程的源頭。

我們要細心觀察 7 歲以下的孩子的感官神經、節奏和新陳代謝三大部分的相互作用。在循環系統和行動新陳代謝的系統中，孩子的感官印象能夠得到進一步的加強。孩子觀察並模仿的「擔心」表情會先表現在他的呼吸習慣上，然後表現在他的

動作習慣以及新陳代謝習慣上。

到了 7 歲的時候，孩子的感覺神經便不會在他的全身發生作用，而是會將作用範圍縮小至感官器官與神經範圍內，從而讓感官器官面向外部世界。7 歲以後，在整個身體裡發揮作用並影響到其他過程的主要是節奏系統。在替從換牙後到性成熟階段之前（7 歲到 13 歲）的孩子上課時，主要是引導他們體內的節奏系統去發揮作用，在這個階段，所有不能產生良好效果的引導方法都是錯誤的。那麼，能夠有效引導節奏系統的方法是什麼呢？就是藝術的力量。

比如說，音樂和節奏是分不開。可以說音樂就是節奏，所以在人體的節奏系統中，音樂一直有著很重要的作用。一個人的身體可以被認為是由各種樂器構成的，就是說，一個完整節奏系統會擁有不同種類的多種樂器的特點。此外，不僅僅是音樂具有這樣的功能，雕塑以及繪畫也有這樣的功能。美術中的顏色與其他顏色的相互調配，也可以在身體節奏系統中產生這樣的作用。如果想要變成這個年齡階段的老師，我們就要運用藝術的手法來介紹所有的課程。當然，在所有的課程中，都必須讓孩子自由和諧的展現他自身的節奏系統。

有很多人不是非常重視這一點，結果，強大的科學資料就變成了毫無用處的東西。比如，有些人透過實驗的方式來觀察孩子在做某些事情時可以堅持多長時間，然後，他們根據這些實驗的資料來安排接下來的課程。但是我們要知道，在沒有完全理解這些資料所包含的意義之前，我們是不能貿然的利用它們來為學生設計課程的。這些實驗固然很好，可是只有當我們

從精神科學的角度來看待它的時候，才會知道這些資料所具有的意義：如果 7 歲到 13 歲的孩子上課時會感到疲憊，就是因為我們沒有讓他們的節奏系統發揮作用，而是讓另外的系統發揮了作用。節奏系統不會使我們感到疲憊，我們的心臟一直跳動都不會累。讓我們感到疲憊的是思考和新陳代謝的過程。

如果我們了解節奏系統對 7 歲到 13 歲孩子所發揮的作用，我們就能夠輕鬆的發現實驗資料中存在的問題。如果學生們感到很疲憊，我們就要合理的改變課程。如果精神科學沒有帶給我們強大的支持，我們也許會為孩子提供更多其他方面的條件，但是不會想到去改變課程本身。

這裡所介紹的關於物質的理論對人的內心與道德的發展同樣也能發揮作用。如果我們向孩子制定一些道德上的規則，或許還要用邏輯的思維去說明原因，這樣才不會讓孩子的內心產生道德上的動機。在性成熟之前，人們對於道德和宇宙規律的邏輯思考還沒有完全覺醒過來。到了性成熟的階段，節奏系統才算是完成了它幫助人類發展的任務。在這個時候，用智力思考的才能才變得日漸成熟，讓它可以完全自由獨立的出現。人們只有按照自己觀察到的一切，去建立屬於自己的道德判斷時，才會感到滿意，這種因獨立自由而建立起來的道德觀才有足夠的力量。我們可以做的，不是傳承一些道德規則給孩子，而是培養他們以後能夠自己建立道德標準所需要的能力。

所以，我們不需要對孩子建立什麼所謂的道德標準。如果我們能讓自己成為他學習榜樣或是能夠讓他以史為鑑，了解歷史上的榜樣人物，那麼以孩子在 14 歲時甦醒過來的判斷力而

言，他們很容易就能建立屬於自己的道德標準。在 14 歲之前，孩子在看到或者聽到關於榜樣的話題時就會產生各式各樣的複雜情感，而且這些複雜的情感在他的節奏系統中會不斷的影響他。這個節奏系統所產生的作用就是讓孩子對「好」的產生同感，對「壞」的產生反感。不是透過孩子的理解，而是透過他的感受和表情，我們就能進一步培養一種具有辯證判斷的情感。這可能只是一種藝術感的迸發：孩子喜歡美麗的事物，厭惡醜陋的壞事。

如果我們用可以用道德去定義這種智力方法，到了性成熟時期的孩子就不會產生道德感。他只會單純想了解別人看待道德的抽象概念。可是別人的觀點或想法又怎麼能用在自己的身上呢？為什麼要在乎別人的想法呢？我們要在孩子 7 歲到 13 歲這個階段，做好在藝術上為孩子帶來「好」的喜歡和「壞」的反感的準備工作。這種藝術感，就是智力的萌芽。14 歲後孩子自由建立起來的道德判斷才是屬於他自己的，所以一定會讓他感到滿足並為他帶來精神力量。

如果老師們利用精神科學的資料去觀察孩子，他們不僅僅會注意到這些問題，還會產生一種新的思維和意識。現代人遠遠不如古代人活得那麼快樂和自信，因為現代人已經失去了精神力量的支撐。現代人沒有辦法去回答關於命運的問題，卻終日為了一些不知所謂的事情而奔波。我們在為自己感到悲哀的同時，還可以遙望宇宙，從我們對宇宙的情感中尋求慰藉。但是現代人的心理特質又不夠強大，他們不會單純的依靠對宇宙的情感來擺脫自己的悲慘，進而獲得安慰，因為他們心中總是

缺少了一點東西。對於他們在多年來所受的教育並沒有機會可以發揮對宇宙精神帶來的感謝的情感。

感謝、愛和自由

人類所有高階的情感都來源於宇宙，我們要身懷敬畏之心並要感謝宇宙賜予我們的一切，感謝它犧牲自己創造了我們，並賜予了我們存在於宇宙之中的棲身之所。如果我們沒有這種感恩宇宙的抽象的世界觀，就不能讓整個人的身體、心理和精神得到完全感受。不夾雜任何情感的去進行抽象思考的人就像是一個異類，它不能使我們感到快樂。老師們也要對宇宙心懷感恩，並要感恩學生的感謝及尊敬（尊敬孩子不是那麼簡單，不能什麼事情都要獲得孩子的同意，而是要將其當成一個我們需要解開的祕密）。如果我們可以感知到精神的力量是如何在孩子中引起的這種形成過程的，我們就能夠對這種力量表示尊重，並且讓內心產生一種受到感動的心情。這種心情是教育學生所需要的最基礎的技巧，對於不聰明或者頑皮的孩子來說也一樣。出現問題的孩子會讓我們感到悲哀和不幸。但是老師們絕對不能表現出反感。

在我們這個「客觀的時代」，有許多人會說：「我們的心情怎麼可以被一群頑皮無用的孩子所感動？為什麼我們在感到悲哀的時候既不能生氣也不能放棄？」在我們這個「客觀的時代」，有許多父母都會埋怨自己的孩子一點用都沒有。但是這樣的心情並不能解決任何問題。如果能這麼思考：「需要用精神力量來解開祕密，這樣的孩子是很難教育的。」這種悲哀的

第二部分：孩子成長的力量

想法會幫助我們跳過很多的教育問題。老師在對 7 歲以前的頑皮孩子進行教育的時候，需要將所有的 —— 不管好壞，屬於精神層面的感受當成自己的動機，並形成一種感激的情感。

7 歲以後，孩子的節奏系統必須要加入新的元素，就是藝術。這時，除了感激的情感以外，我們還要表達對於自己的教育方法和做法的熱愛。這種愛的力量讓孩子們更加喜愛我們的實踐方式。在 7 歲到 13 歲的這個階段，如果老師絲毫沒有表達出自己的喜愛和喜歡的手法或動作，那麼對孩子可能就無法產生什麼作用。自己因為喜歡和愛所表達出來的情感，會讓學生們感到：這正是我所需要的。但透過邏輯的思考卻做不到這一點。

在我們華德福學校，我們非常重視的是老師這個人會擁有什麼樣的特質，而不是單單看重他能夠掌握什麼關鍵技術或是擁有多麼淵博的知識。老師不僅要愛護自己的學生，也要珍惜自己獨有的教育方法，不單單是因為這種方法是自己獨有的，而是因為這種教育方法會讓孩子們變成什麼樣的人。單單愛護和保護孩子是遠遠不夠的，我們更要愛的是自己的這份偉大的事業。這種愛可以透過精神科學的研究來獲得，因為它能夠讓我們發現教育的奧祕。

在這種教育方式下成長的孩子到了性成熟階段以後，他們的思想就會是自由且獨立的。如果我們的內心以敬畏和尊敬的方式去接納孩子、以愛他的方式去教育他，他成長到 14 歲之後也就能接收我們的教育並更好的發展下去。擁有了獨立思考能力的學生，也就能與老師在學習上平等的交流，在邏輯和學

術上互相交流，相互討論。由於我們在孩子 14 歲之前沒有干預過他們要自由出現的精神（智力）、由於我們讓它一步步的覺醒，這種覺醒的精神才是自由獨立的，它能夠讓學生真切的感到：「我自己醒過來了。」而這種感受，又是一種流淌在整個生活中不會乾涸的「泉源」。

我們不要這樣認為：老師們必須要教給學生這些知識或是那些技能。我們要的是對於孩子精神世界的尊敬。這種精神的尊重不是老師建立的，而是自己發展起來的。老師唯一可以做的，就是清楚這些阻礙精神發展的障礙，清除這些障礙並做他們精神發展的領路人。精神是透過周圍的生活細節和方式發展起來的，而這個生活細節和方式是由老師來安排的。老師不能隨便發脾氣，而是應該透過自己的生活方式去教育孩子，並且讓孩子積極主動在生活中發揮自己的作用。老師不應該想著把學生變成自己的影子。在學生離開校園之後，他們的內心裡不能受到老師以及前一代人的影響。

老師在教育過程中應當遵循以下 3 個方面的規律：

（1）以感謝的心接納孩子。

（2）以愛心去教育孩子。

（3）讓孩子們的思想自由發揮。

兒童的教育與老師的藝術手法

學生的性格

前面我所介紹的，都是人類所擁有的一些相同的特質。事實上，在需要應用藝術手法的課程當中，還應該注意到所有人所擁有的不同個性。因此，前面所講的只能算是了解孩子第一步的理解。我們需要慢慢去弄清楚孩子的個性，比如孩子的性格。認清具有不同性格的孩子的特別狀況，這是我們華德福學校一直以來最為看重的一件事情。例如，容易傷感且性格謹慎的孩子是非常安靜和內向的，但如果這樣認為的話，那對這孩子還是不夠完全了解。如果想要更深入的了解他，我們就需要觀察他的物質的身體對於他的性格有著什麼樣的作用。比如，他的體內堆積了太多的鹽，這些鹽讓他覺得自己的身體非常重。每次想要將腿或手抬起來或舉起來的時候，他都需要去克服非常大的障礙。因為身體帶來了這樣的障礙，所以這樣的孩子傷感且內向。他的心靈想要去追求精神世界，但體內的堆積物卻壓著它，所以他的注意力總是被身體的負擔所吸引。

許多人認為，由於容易傷感且性格謹慎的孩子是內向且不好動的，所以就應該讓他變得外向一點、讓他多多活動並且讓他開心，用一些相反的特質去「治療」他。不過，這樣的做法是沒有任何效果的，因為這種性格的孩子對於開玩笑之類的舉動不會有任何的反應。事實上，他需要我們去同情他，去同情

他體內的沉重。我們應該用他自身的特質來對待他，把他渴望的那種認真的想法帶給他。我們必須要有耐心，因為這樣的治療有可能需要耗費幾年的時間來完成。由於我們將與他內心具有相同特質的事情從外部帶給了他，所以他就會感受到治療的力量。假如把那些讓他感覺到陌生的玩笑帶給他，那麼他一來可能無法理解、二來也可能無法接受。表現在外的傷感與謹慎會讓他認知到自己內心所具有的特點，會讓他有所反應。只有與自身內心情況一樣，才能夠產生治療的作用。

反應慢且耐心的孩子，主要是因為他一直生活在自己的生命構造中。這種生命構造不會讓他肚子裡在新陳代謝過程中所產生的東西進入他的頭部，因此，他難以獲得對自己身體的想像與意識。因為生命的力量，導致他的身體會發揮得非常多，然而他頭部所能發揮的作用 —— 想像力，卻並沒有得到發揮。因此，這些孩子主要是生活在物質環境之中，並將自己交給了世界，而並不是生活在自己的內心世界。最後，無論我們如何對待他，他都會感覺無所謂。他不接受，這是由於他頭部的感覺器官很少工作的原因。我們去治療反應慢且具有耐心的孩子的方法也是：老師親自去感受孩子的特質，去做一個與他相同的人。最後，由於看到自己身邊的人變得與自己一樣，這個孩子就會感覺很無聊。只要有幾年的耐心，這個對待一切事物都慢吞吞且不能做出即時反應的孩子，在碰到和他一樣慢吞吞的老師時，就會產生這樣一種感覺：這樣做是不行的。

相比較而言，更加難以治療的是那些快樂的、性格不穩定的孩子。這樣的孩子的節奏系統過於強烈。他會渴望獲得盡可

能多的印象，但是他不會保留其中任何一個印象。假如他所獲得的印象更換得不夠快速，那麼他的血液就會停頓，會讓他感覺到壓抑。在每次老師要求他堅持注意一個課題的時候，就會讓他感到非常的壓抑。由於他沒有辦法堅持，也就很自然的想到了另外的事情。任何事物都會引起他的注意，然而任何事物都不會長期的占據他的注意力。治療這種快樂的、性格不穩定的孩子的辦法，也絕對不是強迫他堅持，正好相反，要讓這種性格的孩子獲得盡可能多的印象，並且要讓他在短時間內得到的印象越多越好。發揮治療作用的，是孩子對與自己具有相同特質的事物的反應：孩子最終只能對自身節奏系統的流動功能過於快速感到厭倦。最後，孩子自己就安靜並停止了。

對於容易發火且又具有能幹性格的孩子的治療方法是不一樣的。喜歡發火且又能幹的孩子的發展程度要比普通孩子的發展程度落後一點。假如將 8、9 歲的孩子與 3、4 歲的孩子進行比較的話：普通的 8 歲孩子會憑藉自身獲得的印象去應用他的四肢，但是 3、4 歲的孩子會像「跳舞」一樣生活，因為他無法控制自己身體的動作。而 8、9 歲喜歡發火的孩子也無法控制自己身體的動作，他表現出來的往往都是坐立不安。如果說，3、4 歲的孩子已經可以發現自己的內心世界，那麼他們看起來跟喜歡發火的 8、9 歲孩子是一樣的。

8、9 歲喜歡發火且又能幹的孩子還保留著 3、4 歲時的特質，因此治療他性格的方法只能是削弱他身體中屬於 3、4 歲孩子的特質。我們需要使用的方法是幽默。假如使用提醒批評的方法，那麼將產生不了任何的作用。假如老師也不能夠控制

自己，那麼這只能變成學生發火的「燃料」。但是，假如讓這個學生把一個我們之前向他講過的故事講述並表演出來、假如讓他用自己喜歡發火的特質對形形色色的角色進行演繹、讓他進入 3、4 歲孩子的特質，那麼他就會慢慢的讓自己身體之中這種不應該屬於當前年齡階段的特質變得平靜下來，讓它逐漸適應現在的心靈。假如老師可以用幽默的方法對待學生，讓學生看到老師也猶如「跳舞」一樣，去做那些多餘的動作，那麼學生也能夠慢慢的收斂起自己那同樣的特質。

對待不同性格的孩子，使用不同的做法，在這一過程中，老師是不能假裝這樣做的，不然的話就不會產生任何的效果。為了可以真心的這樣做，老師需要擁有藝術家的才能，需要從真心去發揮這種性格。

依據學生具有的性格，我們也能夠解決班裡發生的狀況，比如排座位。在將所有學生的性格都研究透了之後，老師就能夠讓所有具有傷感性格的學生坐在一起，讓所有具有發火性格的學生坐在一起，以及讓所有具有快樂或者無反應性格的學生都與同樣性格的學生坐在一起。自然，這個道理不需要讓學生明白。透過這樣的做法，具有相同性格的學生就能夠在相處過程中互相磨損對方的性格。具有傷感性格的學生與同樣具有傷感性格的學生坐在一起時，就會變得活潑起來；而具有發火性格的學生坐在一起時，他們可以相互發火甚至打架。假如最終兩人都受傷了，那麼他們的性格也能夠獲得治療。假如讓一個正在發火的孩子到外面爬樹，讓他又上又下，讓他變得很累，那麼他就是用克服困難的方法在自己身上將自己的氣（火）發

完了，而且他的性格也獲得了治療。

透過性格，我們可以逐步發現所有孩子具有的特殊性格。很多人都說，我們的教育需要看重個性。但我們首先要做的就是將個性發覺出來。儘管一個人不可能只有一種性格 —— 性格往往都是組合型的，但是透過對以上四種性格的了解，我們就很容易發現個性。教育是一種需要學習得非常精細的專業。沒有任何人會去講一只手錶的內部是如何的，也沒有任何人會去批判一只手錶，這是由於他們根本不了解手錶的內部。然而對教育的批評，我們卻隨處都可以聽到。只是，這些進行批評的人真的了解人的內在嗎？假如僅僅是講：「我們要教育人的個性。」這是萬萬不夠的。首先我們需要的是發現孩子的個性，而幫助我們發現個性的就是對於人的了解，這就包括了對於上述四種性格的了解。

藝術的治療方法

學生與老師之間不僅僅只存在一種師生關係，還需要維繫一種藝術的關係。只有這樣，老師們才能用直覺和本能相結合的方式去了解學生的個性需求。為了敘述清楚，我們舉出了這樣一種具體的情況：比如我們大膽的想像出一個在教育上存在以下問題的孩子：我們要向孩子介紹一種事物並且要了解這種事物帶給他的感受和想像，是否引起了他的大腦活動和神經的激動。結果，我們教給他的東西不能夠到達頭部，或是不能從頭部轉移到整個身體裡。換一種說法，他頭部的物質結構有一部分變得「悲傷」。這個孩子就不能夠把看見的和感受到的東

西從有意識的頭部轉移到身體其他沒有意識的部位。他所學到的東西都會一直保留在大腦的思考狀態中，而不會進入到思考以外（比如情感）的範圍。

在藝術的課程中，我們可以很自然的把所有藝術元素融合到一起，以此來滿足孩子的需求。這樣，孩子在課堂上學到的使用顏色的方式就會有別於其他孩子。還有非常重要的一點，就是我們的所有課程都需要用到畫畫的元素。孩子要獨立完成畫畫的過程，就能促使他們嘗試使用不同的方法。

孩子在老師們用藝術的手法引導下畫出來的作品，明顯會與在其他手法引導下的畫出來的作品有很大的區別。其他孩子畫出來的是這樣的效果：圖畫上會有黃色的一部分，黃色的旁邊會有紫色的一部分來襯托，重要的是顏色的融合，然後用黃色和紫色中間所調和出來的橙色來襯托，最外面還有藍色襯托著紫色。大體上表現的只是顏色的相互搭配，卻沒有多少形態。

而老師用藝術手法引導的孩子就不是這樣的：我們給予他的想像不會只存在於他的大腦。相反，他不僅不會在頭腦裡保留任何想像的畫面，反而還會將其全部轉移到人體的其他部分，就好像裝了篩子一樣。我們想要他們感受到的是除了大腦之外，還有很多可以表達一切的思考和想像的系統，但是頭部不會有意識的保留這些。老師們可以根據自己這樣的感官直覺很自然的去引導孩子，讓孩子畫出這樣的一個畫面：畫的顏色不像之前那樣的融為一體，而是分得更加清楚，並進入到一種活躍的狀態，並描繪出一種生動、飄逸的形態。

如果讓孩子使用水彩或者其他工具來畫畫，那麼有的孩子可能會在感受顏色和諧狀態的過程中獲得治療效果，而有的孩子則會在感受線條、形態的過程中獲得治療的效果。如果我們為學生安排體育課，也可以用不同的方式去教育這兩種狀態的學生：頭部像篩子一樣的、可以讓所有想像很快融入身體的孩子，既可以安排他們運動起來，又可以讓他們朗誦詩歌或者是唱歌，也就是兩種之間的轉換；那種想像力被封閉在大腦的孩子，可以讓他們安靜的做運動，不說話。這樣，我們就能讓教育從他們的內心出發，更好的發揮出來。這也是為了治療孩子的需求。

老師可以把所有的課程很有條理的整合起來，從孩子的特點和需求出發，更好的展現出來，這是非常重要的。如果一個老師專門教授體育，但他卻不去深入了解每一個孩子的特點，只是用同樣的模式去教育所有的孩子，這種情況是很可怕的。體育教學也應該是先去發現每個學生的優點和缺點，以便更好的展開教學。所以，在華德福學校的低年級裡，我們只會讓一位老師去教應該對所有的學生有作用的一堂課。只有我們加強對老師們藝術才能和獻身精神的培養和要求，我們才能去完善人類。

華德福學校的形成是一個有機體

學校管理

通常我們在討論「管理」的時候，一般都是指安排某項工作或者去辦某些事情。但是在介紹華德福這所學校的管理時，卻出現了例外。我們總是認為，只有按照某種模式去做的守護，才能說是被管理，比如按照標準去生產商品的工廠，就可以認為能是被管理的，但是如果讓我們將人體的各項功能也想像成是被管理的，這可能嗎？人體的功能既然已經可以協調得非常完美了，那麼我們可以做的就是去接受並且適應它。一所華德福學校也是這樣的，一個完整存在的有機體，我們是不能依靠制定各種規則去管理它的。

我堅持認為，如果可以讓 5 個、又或者是 12 個人來制定一所學校的規則，他們必定可以很出色的完成。可是問題在於，這個規則能否實現？雖然我們能夠制定一套完美的規則，但是不要忘了，學校已然是一個完整存在的有機體。學校裡面有老師，老師並不是像工廠裡用蠟製作出來的蠟像一樣，而是一個個具有鮮明特點的人。其中有人可能會說，老師們本應該是具有怎樣特徵的一種人，可事實上我們的老師卻不是遵循某種產品標準製作造出來的。我們必須要接受這種已經具備了鮮明的個人特點的老師。因此，我們的首要目標，是去認真觀察和深入了解，清楚知道他們具有哪些可以為我們所用的才能。

第二部分：孩子成長的力量

一味的提出要求並沒有用，我們現在能做的只是根據他們固有的特點，分析他們可以做些什麼。我們必須要承認一個事實，那就是老師已經在學校裡了，只有即將製造出來的產品，我們才能提出合理化要求，可對於學校的已經存在的老師，我們只能進行深入了解。

第二個不能單純的使用規則去約束的因素就是學生，而且這個因素也確實在學校裡產生了一些實質性問題。譬如學校的創始人的初衷是希望為社會做出一些貢獻，但是他們卻發現並了解了這樣一種社會現象：我們跟在社會上打拚的成年人一樣，之所以做不出什麼為社會、為人民造福的大事，多半是因為成年人已經形成了按照自己的社會地位去做事的固有思維。所以我們想到了還未踏足社會的孩子，並且非常容易找到了150 個學生，因為創辦人是一所工廠的老闆，工人有很多，這樣的資源讓我們很容易就找到了他們。另外我們還找到了 50個對人智學感興趣的人的後代。我覺得最理想的狀態是：學校創造了這樣一個可以讓勞工階層的孩子和上班族階層的孩子在同一課堂裡學習的氛圍和環境。我們學校不會在意他們的社會地位，我們更看重的和想要努力培養的只是年輕的下一代。我們只在乎「教書育人」的方法，不是計較學生家長有著怎樣的社會地位。華德福學校就是這樣一個在辦學理念上始終保持統一的學校。

當然，事情總有兩面性，有優點自然也存在著一系列的問題，比如說來自於不同的家庭和有著不同社會背景下的孩子們在生活上也會有許多不同的習慣。這些不同的習慣到了社會上

能夠在某種程度上發揮出不錯的約束和制衡作用，當然這些習慣都是好習慣。不過很多知識分子家長驚訝的發現，自己的孩子從學校帶回了勞工階層的孩子身上的壞習慣。當然，這都是我們可以努力解決的問題。而且每個學生的社會背景相對於我們學校的「管理」來說並不算是一個很難解決的問題，真正困難的是，老師們需要根據每個星期的觀察，將孩子所需要的東西融入到課程之中，從而讓孩子獲得更全面的發展。

我們在學校剛剛開辦的時候，就設立了 8 個年級。這些年級的學生來自於不同的學校，而且他們的教育背景也大不相同，甚至所受教育程度與他們的年齡也都不太符合。但是這並不是最大的問題，最大的問題是：不論我們的教育理念和方法有多麼先進，也不能讓學生與他們所擁有的社會背景主動剝離出來。因為每一個人都不可能是隨便成長起來的，他們離不開父母的教育和潛移默化的影響，也離不開成長過程中的環境所帶給他們的影響。在畢業之後，每個人也都必須要在這個複雜的社會環境中尋求到屬於自己的位置。如果學校只是單純給予他們的是最理想的教育，那麼當他們從學校這座溫馨港灣離開之後，很可能就會迷失在這個不符合理想的社會中，也找不到自己所應該成為的社會角色。所以我們的學校也需要與時俱進，不能活在自己的世界裡，要與社會同步，那麼我們所培養的學生才能在複雜的社會中找到自己的位置並承擔自己的責任，不管這個社會有多麼的糟糕。

教育局會把國家開辦的公立學校看成是最理想化的學校，而我們的華德福學校則會因為標新立異、與他們理想標準背道

而馳、達不到他們所謂的標準而被他們認為是不理想的，同時他們還會把這座學校的創立視為一個頭腦不太靈光、有著怪脾氣的人所想出來的怪想法。而他們之所以會批准，只是因為他們認為這些怪人的想法很快會失敗。所以我跟他們有著這樣一個協議：請他們給予我的怪想法一個實踐的期限——3年，3年之後，我們的學生就要追上公立學校學生的成績。並且每3年（3年級、6年級和9年級的期考）他們都要達到教育局定下的標準，但是前提是，在這每個3年內，我必須要有完全的自由，按照我的想法因材施教，我相信，在上了12年的學校之後，我們的學生可以像公立學校學生一樣同等地位的參加大學入學考——即使我們自己辦的大學暫時不被認可。

就這樣，我們把自己所追求的教育方法跟社會的進步緊密得連結了起來。我們不可以追求脫離現實生活層面的東西。而在別人看來我所追求的怪異行為，其實往往都是生活中最簡單、最實用的，但卻又是最最重要的。所以，我們不能用簡單的一種理想化的想法去管理學校，去設計學校的各種制度，一個被設計出來的東西永遠都不可能成為一個完整的有機體。而我們需要做的，是研究已經真實存在了的、由老師、學生和社會三大部分組成的學校，這才是個真正完整的有機體。而且根據我們對孩子的研究看來，我們每個星期、每個月都需要對他們進行研究。如果老師們或者學生有什麼變化，我們研究的資訊也要隨之而改變。因為不管是多麼理想、先進的教育規則、教育理念，都不能適應一直變化著的社會的需求。

因此，學校全體教師的會議就成了這所學校的「管理中

心」。學校裡所有發生的的事情和解決的辦法，都是在這個會議上經過大家的討論，才確定或者產生的。這些會議就好比是像人體中的心臟一樣，為學校提供著動力和支持。而且會議不會去討論抽象的規則，也不會成為老師們互相攀比或不良競爭的平臺，而是會成為一種展現團隊合作的意志的方式。只有完全注入了對每個學生的愛，我們才會在會議上說出一些真正有益於學生的建議和辦法。

而我所說的這種愛，絕對不會像是醫生對待病人所產生的那種憐憫之情一樣。或者說，為了更好的「治療」，我們需要付出更多的愛。但是請你們不要誤會，我這裡所說的只是「一種美麗的病」。當然，對於生病的人來說，疾病都是痛苦的，可是對於去治癒它的人來說，這會成為一個奇妙的化學反應。一位出色的醫生會以滿滿的愛去了解和治療他的病人。同理，如果去研究一個有著很多問題、「沒用的」學生，研究他出現這些問題的原因也會是一件非常有意思的事情，這也會讓我們會更加疼愛他。

比如我們舉一個學校裡的例子 —— 一個令人感到很奇怪的小男孩。他總是在當老師轉身走向黑板的時候，跑到老師後面打上一拳頭。每次老師都會很有愛心的寬容他、撫摸他，並且把他帶回到自己的座位上，就好像什麼事情都沒有發生過一樣。寬容、安慰很容易，但是只有真正了解了這個男孩的所處的社會背景和到底得了什麼樣的病，我們才能更好的去治療他。如果我們可以用愛去包容和理解他那種奇怪的行為，他就會一點點的進步，如果老師們能很快的觀察到這種不正常學生

的特殊情況，我們就可以及時展開討論，在全體教師會議上對小男孩的事情展開討論並及時進行預防，最終完美解決。

但我們研究正常的孩子並沒有什麼用處，因為他們自身的特點不是太明顯。在他們的身上，我們很難體會到不同因素所發揮的相互作用。但是如果去研究一個相對不正常的孩子，我們則會看到非常突出的問題，讓我們很容易就能發現他的做事方式，也可以很快採取措施，並從治療過程中找到不足並觀察治療後的效果。而且我們在不正常的孩子身上所獲得的經驗，在正常的孩子身上依然可以適用。

教學大綱、手作課

在實行了這種新型管理模式之後，華德福學校也因此吸引了許多外來的新生力量，短短 3 年內，我們擁有了一支包括 12 個年級、大約 700 名學生在內的龐大團隊。這為我們帶來了更好的發展機會，當然也帶來了新的挑戰。因為每一個學生的到來都是一個新的故事的開始，也是老師們需要探索的新課題，這些都使華德福學校這個有機體得到了昇華。

每天早上，我們會連續上兩節時段課。時段課的內容在 4 到 6 個星期內是不變的，之後才會換成另一門課。用這樣的教學方法，是為了不讓學生的研究精神和興致中斷，為了避免長時間沒有複習和接觸上一門課而出現忘記的情況，我們透過提高課程的效果彌補了這一缺陷。只有外語課是我們每個星期的必修課。我們的外語課以口語為主，從 1 年級就開始學習。在外語課上，沒有紙上的空洞的書寫練習，有的只是活潑的、直

截了當的從事物或者動作上來講解外語。只有這樣，學生才能慢慢的把自己的生活融合到在外語的學習氛圍中。外語語法則是到 9 歲、10 歲才開始接觸的。但是這些外語課也都是在時段課之後才開始學習的。

下午兩節課的時間裡我們安排了輕鬆一些的藝術、音樂、韻律舞、手作等課程。在這個時段的學習裡，學生需要讓自己的身體、心理和精神達到統一，全心參與到課程的學習中來。全體教師會議固然能夠解決已經出現的很多問題，但是並不能把不同種類的課程互相串聯起來，我們的方法是讓學生在不同的課程中學會同樣的道理，讓上午和下午的課程能夠更好的融會貫通，用上午的課程來引導下午的學習，以便讓學生們更好的接收大量的新知識。

我們希望鍛鍊學生們的動手能力，而且動手能力不是單純的從書本裡面學習知識，而是在低年級時，從感受內心和玩耍開始的。從 6 年級開始，我們才要求學生開始動手學習製作各式各樣的手工藝術品。之所以這個時間開課，是為了順應教育局的要求。而最理想的狀態是，從 9 歲就開始讓學生們接觸手作。因為手作也是與藝術、與思想緊密相連的，學生可以把自己的想法生動的表現在做出的藝術品上，而不是按照誰的要求去完成。這就是說，學生們做出來的手作作業，都是按照他們內心的想法、遵循自己的設計來完成的。這些作品，都是把美術感和實際功能緊密連結在一起的。比如在雕塑的過程中，他們可以一邊做，一邊去觀察，一邊在自己的動手和創作過程中產生新的想法。這樣，就是一個展現內心自我並表達出來的

過程。

在手作課上，我們還發現了這樣的情況：在時段課上透過這種方式介紹的人體、骨頭、器官的功能和形態，因為是以鮮活的藝術的方式來教學，所以學生們不僅用大腦思考消化了這些理論知識，還將這些理論知識更好的連結到了實際生活中。這樣我們就能發現，這種學習方式下，學生們記住的知識會永遠印在腦海裡。我們當時的時段課程不僅影響了學生們手工形成的形態，而且從手工形成的形態上看，我們發現學生們在時段課上學到的知識很容易就能記住，並且能夠很好的整合在一起。

人們都喜歡送給孩子們一些包裝精美、很好玩的玩具。但是他們可能忽略了孩子想要的並不是這些。更好的做法是拿給孩子一些玩具或者手工的半成品，用這些半成品跟孩子共同做一個並不完美但是有收藏意義的玩具。聰明的孩子可能更加喜歡這樣的玩具，因為它留給了孩子很多的想像的空間。如果說買來的玩具太完整或者很好玩，孩子可能就不再想動腦子，不想發揮自己的想像力，這樣就會讓他的內心感到很空虛。從這一點上看，我們應該讓孩子從自己的內心出發，摸索著形成自己作品獨有的塑造方式。最後我們會發現作者都會具有鮮明的個性特徵。

我們可以讓孩子自己想像，想像腦海裡自己平常玩的遊戲應該有怎麼的一種形態、功能，並動手做出來。除了這樣的手作課之外，我們還安排了傳統的手作課 —— 布和線。在布和線的手作課上，男生和女生是在同一個課堂裡上課的，這樣可

以加強男女間的互動和交流，避免孩子們形成社會上那種男女之間的傳統的偏見。比如為了加強課程內容與生活甚至與工業之間的關聯，我們安排了 16、17 歲的學生們上傳統的紡織課。有意思的事情是男生們不願意做針線，他們通常會讓女生代勞，但在這一過程中男生會為女生服務，成為她們的幫手。可是在其他方面，男生和女生的角色就會互相調換。

同理，我們的繪畫課也效仿了手作課的模式。就是說，先讓學生們用心的感受和接觸顏色。如果替學生購買那種已經調配好顏色、買來即用的顏料，就不會為他們帶來什麼強烈的感受。為了更直接的讓同學們感受到顏色的變化與結合，我們只為他們準備了最基礎的（3 種）顏色，而且是大量的，可以讓他們感受到任意兩種顏色搭配起來會產生什麼樣的顏色變化。雖然上完這樣的繪畫課後，教室會變成五顏六色的，但是只有這樣才能為學生們帶來更直覺的對顏色的掌握與感受。

這樣，在上課時，我們不會要求學生們一定要畫出什麼樣的作品來，但是會要求他們去感受顏色的配合。如果立刻讓學生們畫像，可能他們的畫會喪失活力，變成固定刻板的東西。學生們可以將畫畫分成兩部分的工作，一是畫與東西無關的形態，二是用心去感受它。在這個基礎之上，學生們就可以發揮自己無限的想像力去畫任何他們感受到的畫面。比如在地理課上，可以根據自己所學的地理知識結合自己對一個國家的內心感受，去畫屬於他們自己的、生動的地圖。學生們畫的這張五顏六色的地圖，會讓我們從內心去感受到了屬於這個國家的特點。在繪製地圖的過程中，如果學生用他調配的色調能模仿、

感受並畫出地球上不同特點的地方，那麼我們的世界在他的心裡就會變得鮮活、立體起來。

這樣的課程可以讓學生們更加貼近生活，又能培養他們的空間感和形態感。把美感和實用性相連在一起，這樣的教育方式比上幾堂體育課更能鍛鍊他們的身體。

華德福學校的形成是一個有機體

官網

國家圖書館出版品預行編目資料

華德福教育創始人魯道夫‧史坦納論教育：模仿
與遺傳、情感與意志、性格與藝術，以精神科學
研究教育的基礎 / [奧] 魯道夫‧史坦納（Rudolf
Steiner） 著，王少凱 譯 . -- 第一版 . -- 臺北市：
崧燁文化事業有限公司 , 2023.01
面； 公分
POD 版
譯自：Rudolf Steiner on education.
ISBN 978-626-332-923-2(平裝)
1.CST： 史 坦 納 (Steiner, Rudolf, 1861-1925)
2.CST: 學術思想 3.CST: 教育哲學
520.148 111018752

華德福教育創始人魯道夫‧史坦納論教育：模仿與遺傳、情感與意志、性格與藝術，以精神科學研究教育的基礎

臉書

作　　　者：[奧] 魯道夫‧史坦納（Rudolf Steiner）

翻　　　譯：王少凱

發 行 人：黃振庭

出 版 者：崧燁文化事業有限公司

發 行 者：崧燁文化事業有限公司

E - m a i l：sonbookservice@gmail.com

粉 絲 頁：https://www.facebook.com/sonbookss/

網　　　址：https://sonbook.net/

地　　　址：台北市中正區重慶南路一段六十一號八樓 815 室

Rm. 815, 8F., No.61, Sec. 1, Chongqing S. Rd., Zhongzheng Dist., Taipei City 100, Taiwan

電　　　話：(02)2370-3310　　傳　　　真：(02) 2388-1990

印　　　刷：京峯彩色印刷有限公司（京峰數位）

律師顧問：廣華律師事務所 張珮琦律師

-版權聲明

本書版權為出版策劃人：孔寧所有授權崧博出版事業有限公司獨家發行電
子書及繁體書繁體字版。若有其他相關權利及授權需求請與本公司聯繫。
未經書面許可，不可複製、發行。

定　　　價：280 元

發行日期：2023 年 01 月第一版

◎本書以 POD 印製